Die Autoren

Heinrich Böll,

1917 in Köln geboren, nach dem Schulbesuch Buchhändlerlehre, die er nach einem halben Jahr abbrach. Erste schriftstellerische Versuche 1938. Im Herbst 1938 wird er zum Reichsarbeitsdienst eingezogen. Im Sommersemester 1939 Beginn des Studiums der Germanistik und Altphilologie. Im Spätsommer 1939 kurz vor Beginn des Zweiten Weltkrieges wird er zur deutschen Wehrmacht einberufen. Teilnahme am Zweiten Weltkrieg: im Herbst 1940 in Frankreich, von 1941 bis 1942 bei Ersatztruppenteilen in Deutschland, von Anfang 1942 bis Sommer 1943 an der Kanalküste in Frankreich, zwischen Sommer 1943 und Herbst 1944 in der Sowjetunion, Rumänien, Ungarn. Ab Frühjahr 1945 in Westdeutschland, wo er im April 1945 in amerikanische Kriegsgefangenschaft geriet. Seit Dezember 1945 in Köln. Erste Veröffentlichungen 1946 bis 1949. 1949 wird das erste Buch, »Der Zug war pünktlich«, veröffentlicht. Zwischen 1950 und 1951 Aushilfsangestellter beim Statistischen Amt der Stadt Köln. Seit Sommer 1951 lebt er als freier Schriftsteller in Köln. 1972 wird ihm der Nobelpreis für Literatur verliehen.

Lew Kopelew,

1912 im ukrainischen Kiew geboren, war nach dem Schulbesuch zunächst Fabrikarbeiter, studierte später Germanistik in Moskau und meldete sich zu Beginn des Krieges freiwillig an die Front. Er arbeitete in einer Propagandakompanie. 1945 wurde er wegen »Mitleid mit dem Feind« verhaftet und zu zehn Jahren Straflager verurteilt. Nach seiner Rehabilitierung lehrte er in Moskau deutsche Literatur und Theaterwissenschaft. Er veröffentlichte zahlreiche Arbeiten über Goethe, Brecht, Schiller und Tolstoi. 1975 erschien im Westen sein autobiographischer Bericht »Aufbewahren für alle Zeit!«, in dem er den Einmarsch der Roten Armee in Ostpreußen und seinen Weg durch die Lager beschrieb. Weitere Werke: »Und schuf mir einen Götzen«, »Tröste meine Trauer«, »Verbietet die Verbote«. Im November 1980 reiste Lew Kopelew mit seiner Frau zu einem längeren Besuch in die Bundesrepublik ein, im Januar 1981 wurde er von den sowjetischen Behörden ausgebürgert. 1981 wurde ihm der Friedenspreis des Deutschen Buchhandels verliehen. Lew Kopelew lebt in Köln.

Heinrich Böll
Lew Kopelew

Warum haben wir aufeinander geschossen?

Lamuv Verlag

CIP-Kurztitelaufnahme der Deutschen Bibliothek

Böll, Heinrich: Warum haben wir aufeinander geschossen? /
Heinrich Böll; Lew Kopelew. Mit Beitr. von Klaus Bednarz....
1. Aufl., 1.–15. Tsd. – Bornheim-Merten : Lamuv Verlag, 1981.
ISBN 3-921521-29-7

NE: Kopelew, Lew:

1. Auflage 1.–15. Tausend Juni 1981
© Copyright Lamuv Verlag,
Martinstraße 7, 5303 Bornheim-Merten, 1981
Alle Rechte vorbehalten. Nachdruck, auch auszugsweise, nur
mit schriftlicher Genehmigung des Verlages.
© Copyright des Gespräches Klaus Bednarz, Heinrich Böll,
Lew Kopelew: WDR, Köln/Klaus Bednarz
Umschlagfoto:
TASS/Bildarchiv Stiftung Preußischer Kulturbesitz, Berlin
Umschlagentwurf, Gestaltung und redaktionelle Mitarbeit:
Jürgen Pieplow
Gesamtherstellung: Steidl, Düstere Straße 4, 3400 Göttingen
ISBN 3-921521-29-7

Inhaltsverzeichnis

Warum haben wir aufeinander geschossen?

- 9   Erster Teil
- 59 Zweiter Teil
- 92 Franz Burda:
  Auch der kleinste Beitrag für den Frieden ist wertvoll
- 95 Heinrich Graf von Einsiedel:
  Warum haben wir aufeinander geschossen?
- 108 Otto Engelbert:
  Schule des Propagandisten

Die Flugblätter des Majors Lew Kopelew

- 115 Lew Kopelew:
  Wort als Waffe
- 125 Rettet Euer Leben!
- 155 Internationale Information
- 163 Briefe, Nachrichten und Einzelschicksale
- 189 Front-Humor und Karikaturen
- 217 Anhang

Vorwort des Verlages

Die fachhistorische Darstellung des deutsch-sowjetischen Krieges, die Auseinandersetzung mit seinen verschiedenen Aspekten – den militärischen, dem propagandistischen, dem rassistischen (»Endlösung und Bekämpfung des »Untermenschentums«) – füllt inzwischen Bibliotheken, und sie wird – wie es diesem gewaltigen Thema entspricht – weitere Bibliotheken füllen. Diese hier vorgelegte Publikation ist keine fachhistorische, sie enthält Stellungnahmen von Zeitgenossen und Teilnehmern des deutsch-sowjetischen Krieges, persönliche Äußerungen und Erlebnisanalysen, die das historische Urteil möglicherweise ergänzen; diese Äußerungen können keine Geschichte des deutsch-sowjetischen Krieges enthalten. Zur Information über die Geschichte dieses Krieges fügen wir eine Bibliographie mit den wichtigsten Titeln bei.

Der Verlag

Heinrich Böll und Lew Kopelew 1979 in Moskau

Warum haben wir aufeinander geschossen?

Vorbemerkung

Der erste Teil des Gespräches »Warum haben wir aufeinander geschossen?« wurde am 6. August 1979 in Moskau geführt. Der Korrespondent der ARD, Klaus Bednarz, befragte Lew Kopelew und Heinrich Böll.
Dieses Gespräch ist am 1. September 1979 im 1. Fernsehprogramm (ARD/WDR) gesendet worden.
Der zweite Teil dieses Gespräches wurde am 4. April 1981 in Bornheim-Merten geführt. Lew Kopelew und Heinrich Böll wurden zum Dokumentarteil dieses Buches befragt.

Erster Teil

Klaus Bednarz: Herr Kopelew, Herr Böll, Sie gehören einer Generation an – der Altersunterschied zwischen Ihnen beträgt fünf Jahre –. Herr Kopelew, Sie sind 1912 geboren, in der Ukraine, in einer jüdischen Familie: Als was fühlen Sie sich eigentlich, als Ukrainer, als Russe, als Jude?

Lew Kopelew: Wenn man mit einem Satz antworten darf, würde ich sagen, ich fühle mich als Russe. Aber das genügt heute nicht. Denn der große polnische Dichter jüdischer Herkunft, Julian Antowin, hat mal gesagt, ich habe nie jiddisch gesprochen, habe nie jüdisch geglaubt, aber ich muß mich zum Judentum bekennen, nicht wegen des Blutes, das in meinen Adern fließt, sondern wegen des Blutes, das aus vielen Adern floß. So ungefähr hat er sich ausgedrückt. Also ich fühle mich vor allem als Russe, denn Russisch ist die Sprache, die ich seit meiner Kindheit spreche, die russische Kultur ist meine Kultur, die russische Geschichte ist für mich meine Geschichte mit all ihren Tragödien, mit all dem Guten und Schlechten.

Aber ich kann mich auch vom Judentum nie lossagen, denn meine Großeltern und meine Eltern, die in ihrer Kindheit jiddisch gesprochen haben, waren Juden. Ich kann mich doch nicht von ihnen lossagen. So ist es eben. Das ist ein doppeltes Verhältnis. Ich bin Russe jüdischer Herkunft.

Klaus Bednarz: Herr Böll, wie ist es mit Ihrem Selbstverständnis? Sie sind 1917 geboren in Köln als Rheinländer, linksrheinisch. Man war bei Ihnen im Rheinland oft ein wenig mehr nach Westen orientiert als nach Deutschland. Wie würden Sie sich Ihrer Herkunft nach selbst charakterisieren?

Heinrich Böll: Ich definiere mich ganz eindeutig, ohne jede Einschränkung, als Deutscher, und wenn Sie sagen: »Nicht nach Deutschland orientiert, sondern nach Westen«, möchte ich betonen, daß auch der Westen Deutschlands deutsch ist. Er hat allerdings nie diesen Hurra-Patriotismus entwickelt, aber daß wir Deutsche waren – ich sage jetzt »wir«, die Linksrheinischen – war für uns zu selbstverständlich, als daß wir es je betont hätten. Unsere Sprache, das Entscheidende, war deutsch. Es gab gewisse Reserven, sehr starke sogar, gegenüber Preußen, das für uns nicht identisch war mit Deutschland, im Gegenteil, es war fast schon etwas Undeutsches. Aber das wäre ein sehr langes Gespräch: das Verhältnis der Rheinländer zu Preußen: Ich bin antipreußisch erzogen, aber deutsch. Außerdem katholisch, was sehr wichtig ist in der deutschen Geschichte, weil die Katholiken ja doch ein bißchen verachtet wurden innerhalb des deutschen Reiches, fast wie die irischen Katholiken von den protestantischen Engländern – ich vergleiche das jetzt –, so ähnlich wie die Polen als Katholiken von den protestantischen Preußen, so ein bißchen war diese Verachtung drin, die ich auch, als ich in die entsprechenden Organisationen geriet, Arbeitsdienst und Wehrmacht, zu spüren bekam. Aber nicht zuviel darüber, ich fühle mich eindeutig als Deutscher, als Westdeutscher.

Klaus Bednarz: Herr Böll, Herr Kopelew, welches waren in Ihren Biografien die jeweils entscheidenden Punkte, die Ihr Verhältnis zum anderen Land, zu den Menschen des anderen Landes geprägt haben? Herr Kopelew, was wußten Sie von Ihrer Kindheit an von Deutschen, von Deutschland? Herr Böll, was wußten Sie von Kindheit an über – damals noch – Rußland und die Russen?

Lew Kopelew: Meine frühe Kindheit fällt in die Zeit des ersten Weltkrieges. Da gab's einen, wie man jetzt aus der neuen Erfahrung sagen würde, recht oberflächlichen Deutschenhaß, den auch die Kinder zu fühlen bekamen. Eines der großen Erlebnisse für mich als sechsjähriger Junge war der Einmarsch der Deutschen in Kiew, der alle früheren aus Zeitungen, aus den Erzählungen der Kinderwärterin stammenden Deutschen-Bilder absolut ruinierte. Damals erlebten wir, daß die deutschen Soldaten freundlich zu uns waren, zu den Kindern auf der Straße. Damals, das schildere ich ja auch in meinem Buch*, damals gab es ein Plakat, wo Kaiser Wilhelm mit Kaiser Nikolaus freundlich spricht, das war auch eine ganz große Überraschung für mich, denn meine Kinderwärterin war Monarchistin und schwärmte für den Zaren. Und seit 1918 – keine Spur mehr von der deutschfeindlichen Propaganda, die ich mit vier, fünf Jahren auch noch gut in Erinnerung behalten habe.

Klaus Bednarz: Aber wann haben Sie angefangen, Deutsch zu lernen, woher können Sie so gut Deutsch?

Lew Kopelew: Na, so gut, daß ich – danke – gut genug, um zu verstehen, wie schlecht es ist. Zunächst war es die Kinderstube. Da waren die »deutschen Fräuleins«, so nannte man sie bei uns. Sie waren Kindermädchen, Erzieherinnen aus Riga. Da war ich sechs, sieben Jahre. Dann etwa zwei, drei Jahre lang lebten wir mit einer deutschen Familie zusammen, mein Vater war Agronom, Wirtschaftsleiter in einer sogenannten Sowjetwirtschaft, Sowchos, wo der Direktor ein deutscher Herr war, er hieß Karl Meier. Mit der Familie wohnten wir zusammen, und ich spielte mit seinen Kindern und lernte Deutsch. Ich konnte deutsch besser schreiben als russisch um diese Zeit.

Klaus Bednarz: Das heißt, Sie haben deutsche Sprache und zum Teil auch deutsche Kultur praktisch von Kindesbeinen an in sich aufgenommen?

Lew Kopelew: Ja, und mit meinem jüngeren Bruder sprach ich deutsch, bis wir zur Schule gingen.

Klaus Bednarz: War Ihnen Deutschland etwas Unheimliches? Man sagte auf russisch: »Die Deutschen haben den Affen erfunden«, das heißt, man traut uns alles zu im Guten wie im Schlechten

---

* Und schuf mir einen Götzen, Lehrjahre eines Kommunisten

und findet kein rechtes Verhältnis zu uns. Wie war das da bei Ihnen? Was waren die Deutschen für Sie damals?

Lew Kopelew: Wir hatten damals ein Idealbild von Deutschland. Am meisten gefielen mir die Kapitel der gemeinsamen Geschichte, wo Deutsche und Russen zusammen gingen. Also, ich schwärmte für Peter den Großen, und gerade seine Deutschfreundlichkeit hat mir sehr imponiert. Aber auch, nun, vielleicht etwas weniger, für den Alten Fritz habe ich auch geschwärmt.

Klaus Bednarz: Herr Böll, wie war das bei Ihnen, welche Vorstellung hatte man bei Ihnen in dem Kreis, aus dem Sie kamen, von Rußland, von den Russen? Hatte man überhaupt so etwas wie ein Rußland-Bild?

Heinrich Böll: In der Familie kaum. Es gab einige Verwandte, die im ersten Weltkrieg, der für mich überraschenderweise, ich fand das sehr interessant, in Kopelews zweitem Buch »der deutsche Krieg« heißt, die an der sogenannten Ostfront gewesen, dort zum Teil in Gefangenschaft geraten waren und sehr freundlich berichteten über ein armes, in diesem Zustand armes, aber nicht unfreundliches Rußland. Das war aber sehr vage, es war sehr wenig Information. Mein, sagen wir, Bild habe ich aus der Literatur, von Dostojewski zum Beispiel.

Klaus Bednarz: Damals unter Hitler schon, oder wann haben Sie begonnen, das zu lesen?

Heinrich Böll: Natürlich, so mit sechzehn, siebzehn, und in sehr billigen Ausgaben. In verramschten Auflagen. Wir hatten wenig Geld. Ich hab' den ganzen Dostojewski gelesen, auch den ganzen Tschechow, nicht die Stücke, sondern die Prosa. Die Gegensätzlichkeit dieser beiden Autoren ist mir damals nicht bewußt geworden, aber ich habe sie wohl empfunden, auch Tolstoi habe ich gelesen, und es war ein faszinierender Eindruck von Größe und Unheimlichkeit. Ich weiß nicht wann, aber ich habe auch den Bericht von Tschechow über Sachalin gelesen, ich weiß nicht, ob ich das jetzt verwechsele. Ich bin auch sehr interessiert an der Geografie, verstehen Sie, zunächst oberflächlich. Wenn ich ein Land kennenlernen will, guck ich mir erst mal die Karte an. Ich habe mir also die Karte des damaligen Rußland angeguckt, und schon die Größe war mir unheimlich. Wir sind ja kleine Verhältnisse gewöhnt. Wenn man Westeuropa sieht, Holland, Belgien, Frankreich sogar, das ein sehr großes Land ist für europäische Verhältnisse, territorial gesehen, die Winzigkeit dieses Fetzens Westeuropa mit seinen damals wahrscheinlich schon 200 Millionen Einwohnern betrachtet, die Dichte, der Fleiß, die Effektivität, die ja alle Nationen in verschiedener Weise haben, auch Italien, und dann dieses riesige Rußland, dieses riesige Land, von dem man sehr wenig wußte: Das ist mein Eindruck als junger Mensch gewesen.

Klaus Bednarz: Herr Böll, Sie sagten, Sie haben angefangen, sich mit Rußland, mit den Russen zu beschäftigen, als Sie sechzehn, siebzehn Jahre alt waren, also just in dem Moment, als Hitler an die Macht kam, ab 1933. Welchen Eindruck hat denn auf Sie das Nazi-Propaganda-Bild von den Russen als Untermenschen, von den slawischen Untermenschen auf Sie gemacht. Das muß doch irgendeine Wirkung gehabt haben! Oder ist das seinerzeit bei Ihnen wirkungslos geblieben?

Heinrich Böll: Das ist ganz wirkungslos geblieben. Ich kann mir das nicht als Verdienst anrechnen, ich bin so erzogen und auch, sagen wir, durch meine viele Lektüre und möglicherweise durch ein gewisses Nachdenken dazu gekommen, daß es gar keine Untermenschen gibt, es gibt nur Menschen. Menschen in verschiedenen Verhältnissen. Aber ich habe noch etwas vergessen: Es gab natürlich auch damals schon vor Hitler ein Bild der Sowjetunion als eines atheistischen Schreckenstaates. Vereinfachte Propaganda. Und wie ich das miteinander verbunden habe, mein Bild von Rußland, dem alten aus der Literatur mit dem damals existierenden, schon lange existierenden Sowjetstaat, das weiß ich heute nicht mehr. Jedenfalls habe ich nie das Gefühl gehabt, daß dort keine Menschen leben. Ich kann das nicht anders ausdrücken, verstehen Sie. Es ist nicht mein Verdienst. Der Begriff »Untermensch« existierte in meinem Bewußtsein nicht und hat nie existiert und ist mir auch nicht beigebracht worden, das kann ich wohl sagen. Weder in der Schule noch in meinem Elternhaus. Diesen Begriff gab es bei mir nicht. Und das Nazi-Bild – da werden wir noch drüber reden müssen, über Krieg und Propaganda – hat mich überhaupt nicht beeindruckt. Es kam ja erst später. Es ging ja zunächst gegen die deutschen Kommunisten, der innenpolitische Kampf, verstehen Sie. Und ich kannte damals schon Kommuni-

Kriegsbeginn mit der Sowjetunion:
Der Grenzfluß wird in den frühen Morgenstunden des 22. Juni 1941 überquert

sten. Köln hatte einen sehr starken kommunistischen Bevölkerungsanteil, das war sehr interessant für eine so katholische Stadt. Und es wohnten Kommunisten in einem Haus, das meinem Vater gehörte; ein Teil seiner Arbeiter, er hatte eine Tischlerei, waren Kommunisten, die waren für mich ganz selbstverständlich Menschen, keine Untermenschen; ich konnte ja auch mit ihnen reden, und ich sah sie auf der Straße. Und dieses Kommunistenbild, was ich also aus Anschauung gebildet hatte, übertrug ich natürlich auch auf die Sowjetunion. Es waren Kommunisten, schrecklich, und Atheisten waren sie auch noch alle. Aber ich hatte dieses andere Kommunistenbild, das sich aus meiner Anschauung gebildet hatte, habe mir gesagt, mein Gott, die Russen werden ja so schlimm nicht sein, verstehen Sie? Es gab natürlich eine kirchliche Propaganda, die zum Teil übrigens via Mexiko kam. In Mexiko war damals eine fürchterliche Katholikenverfolgung, die ja in Greene's »Die Macht und die Herrlichkeit« geschildert wird, und dieses Bild wurde wieder auf die Sowjetunion übertragen, so entstehen merkwürdige propagandistische Mischungen. Aber mein eigenes Kommunistenbild, nennen wir es so, hat mein Bild von dieser »schrecklichen Sowjetunion« natürlich gemildert.

Klaus Bednarz: Ihr persönliches Kommunistenbild, die Leute betreffend, die Sie kannten in Ihrer Kölner Umgebung?

Heinrich Böll: Ich sagte mir, das sind Kommunisten; gut, die mögen furchtbare Anschauungen haben, aber Menschen sind sie.

Klaus Bednarz: Herr Kopelew, wie war das bei Ihnen, Sie hatten ja ein durchaus positives Deutschenbild aus der Kindheit, sonst hätten Sie die Sprache nicht gelernt, nicht Umgang mit Deutschen gepflegt, sich für deutsche Kultur interessiert und den »Alten Fritz« nicht geliebt. Änderte sich das Deutschenbild, als in Deutschland die Nazis an die Macht kamen? Die damalige bolschewistische Propaganda hat das doch schon sehr hochgespielt. Wie hat die Hitlersche Machtergreifung auf Sie und in Ihrem Verhältnis zu den Deutschen gewirkt?

Lew Kopelew: Keinesfalls. Denn sehen Sie, da waren, da ist eigentlich der Unterschied unserer Generation...

Klaus Bednarz: Sie sind ja nur fünf Jahre auseinander...

Heinrich Böll: Das ist sehr wichtig, fünf Jahre.

Lew Kopelew: 1933, als Heinrich Böll erst sechzehn war, da war ich schon verheiratet, da war ich schon einundzwanzig. Und das muß auch richtiggestellt werden: Unsere Propaganda nach '33 bis dicht vor '41 war nicht deutschfeindlich. Sie war anti-nazistisch. Wir hatten hier in Moskau eine große deutsche Kolonie, und ich hatte damals schon viele deutsche Freunde, deutsche Schriftsteller, die hier in Moskau als Emigranten lebten, Erich Weinert und Willi Bredel zum Beispiel, mit denen ich persönlich befreundet war. Also das kam überhaupt nicht in Frage, daß das Deutschenbild sich irgendwie dadurch geändert hätte. Im Gegenteil – Menschen meiner Generation –, wir waren vielleicht etwas voreingenommen, wir glaubten, daß der Nazismus in Deutschland nicht so stark sei, wie er tatsächlich war.

Klaus Bednarz: Im Volk?

Lew Kopelew: Im Volk, ja, das ist ein Problem, das ist nicht so leicht zu schildern.

Heinrich Böll: Also eine idealistische Vorstellung?

Angriff von Soldaten der Heeresgruppe Mitte auf ein russisches Dorf im Juli 1941

Lew Kopelew: Ja. Wir glaubten, als am 22. Juni 1941 die ersten Meldungen vom Krieg kamen, da muß ich es ehrlich gestehen, ich war so dumm, daß ich mich freute. Da ist der heilige Krieg, da wird jetzt das deutsche Proletariat uns entgegenkommen, und nun wird Hitler sofort gestürzt.

Klaus Bednarz: Das verstehe ich nicht. Also noch mal: Deutschland marschiert ein...

Lew Kopelew: Ja, das war nicht Deutschland für mich damals.

Klaus Bednarz: Das waren die Nazis?

Lew Kopelew: Ja, das waren die Nazis.

Klaus Bednarz: Und Sie haben geglaubt, daß nun eine Erhebung in Deutschland gegen diesen Krieg und gegen die Nazis kommt. Habe ich das richtig verstanden?

Lew Kopelew: Ja, ja, sehr richtig.

Heinrich Böll: Durch die Arbeiter.

Lew Kopelew: Und, wissen Sie, während des Krieges habe ich einige Freunde getroffen, die mir sagten: »Erinnerst du dich noch, du Idiot, was du am 22. Juni gesagt hast? Wie du so mit strahlenden Augen durch die Straßen gelaufen bist und hast gesagt: Na, endlich ist der große heilige Krieg da, der auch zur Befreiung Deutschlands führen wird und zur Befreiung Europas. Beides, beides.« Ich war fest davon überzeugt. Es dauert nur wenige Wochen, dann kommen die Berliner Proleten und dann kommen die von der Ruhr. So wie wir uns das vorgestellt hatten, nach der deutschen antifaschistischen Literatur, nach den Berichten, die wir von den deutschen Genossen in Moskau bekommen hatten. Zum Beispiel, der große Traum meiner Jugend war Spanien, der Bürgerkrieg in Spanien. Und ich wußte, wie die Deutschen in den Internationalen Brigaden gekämpft haben.

Heinrich Böll: Ja, und ich glaube, das darf man nicht vergessen, wie groß die deutsche KP war vor '33. Es war die größte Kommunistische Partei der Welt, wo man noch freiwillig Kommunist war.

Lew Kopelew: Das ist richtig.

Heinrich Böll: Die größte KP der Welt. Die Hoffnung aller Kommunisten, Sozialisten, Revolutionäre war auf Deutschland gerichtet, das haben wir vergessen, wie groß die KP war, wie stark, wie viele gute Zeitungen sie machte. Ich erinnere mich noch, daß ich KP-Blättchen gelesen habe, zum Teil illegale, es waren fantastische anti-nazistische Witze drin. Wir vergessen immer, daß Deutschland wirklich die Hoffnung für die Weltrevolution war.

Lew Kopelew: Eben, ja eben.

Heinrich Böll: Die Entwicklung der deutschen Arbeiterbewegung, die wir auch immer vergessen. Das hängt ja alles zusammen. Seit einem Jahrhundert lief das auf die Revolution zu, und da kann ich mir Kopelews verrückte, idealistische Vorstellung erklären, ich hätte sie nicht geteilt, aber...

Klaus Bednarz: ...darauf zu hoffen, daß bei dem Einmarsch der Nazis in Deutschland die Revolution losbricht...

Heinrich Böll: Ja, auch mit den einrückenden Truppen. Wenn ich Dich richtig verstanden habe.

Lew Kopelew: Ja.

Heinrich Böll: Kommen deutsche Arbeiter hier hin, und dann ist der Krieg vorbei.

Lew Kopelew: Ja, und meine deutschen Freunde haben mich noch zu belehren versucht. Ich kann mich sehr gut daran erinnern. Ich kam ja erst im August an die Front, und der Krieg begann im Juni, wie Sie wissen. Und mit denen habe ich mich noch im Juli und wie lange unterhalten können, als der Vormarsch immer so unaufhaltsam erschien.

Klaus Bednarz: Da muß es aber doch unheimlich geworden sein?

Lew Kopelew: Ist ein bißchen unheimlich geworden.

Heinrich Böll: Und glaubten die auch?

Lew Kopelew: Nein, die haben gesagt, wart' ab. Abwarten, es geht nicht so schnell. Die Wehrmacht, das ist ein Mechanismus. In persönlichen Gesprächen waren die viel realistischer als in den Flugblättern, die sie geschrieben haben. Das gehört eben nun zu dieser Diskrepanz der Propaganda und der Überzeugung, auch einer ehrlichen, aber zielbewußten Propaganda.

Klaus Bednarz: Wenn ich das zusammenfasse, Herr Kopelew: Bei Ihnen beim Einmarsch der Deutschen zunächst Revolutionshoffnung...

Lew Kopelew: Ja, ja, die war in den ersten Tagen sehr groß, dann hat's nachgelassen.

Klaus Bednarz: ...dann Beklemmung, Ernüchterung, Enttäuschung. Und dann muß ja wohl eine Gegenreaktion gekommen sein.

Lew Kopelew: Ja, aber zum Deutschenhaß ist sie bei mir nie geworden. Da bin ich nicht nur durch die Kindheit immun gewor-

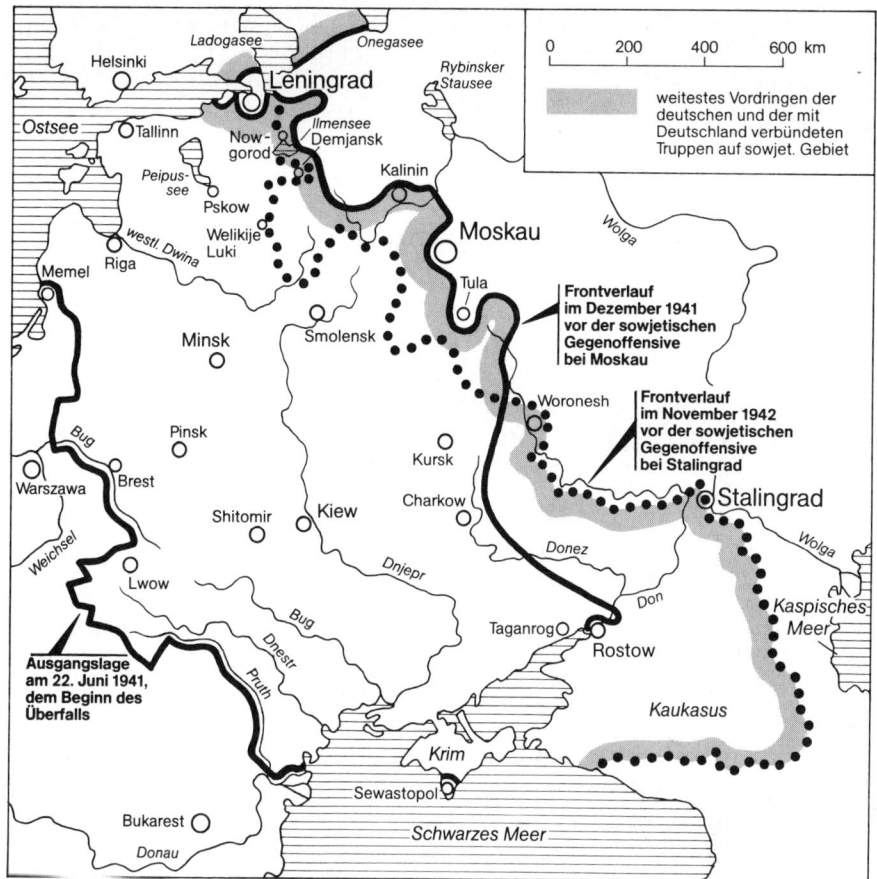

Der 2. Weltkrieg in der Sowjetunion: vom deutschen Überfall am 22. Juni 1941 bis zum Beginn der Schlacht um Stalingrad am 19. November 1942

den, wenn ich das so sagen darf. Dazu gehört auch die humanistische Erziehung, die ich von zuhause und von meinen ersten Lehrern erhalten habe, die keine Kommunisten waren.

Unser Deutschland-Bild, das gehört nicht nur zu meiner Erfahrung, obwohl die vielleicht etwas stärker durch meine Kindheit und durch meine germanistischen Interessen geprägt ist, war, daß wir uns Deutschland als das Land von Karl Liebknecht und Ernst Thälmann und den deutschen Arbeitern vorstellten, die in den dreißiger Jahren eigentlich die stärkste, die größte Hoffnung aller, die für die Weltrevolution schwärmten, waren. '32 gab's eine Zeit, wo wir glaubten, bald geht's in Deutschland los.

Klaus Bednarz: Eine Revolution?

Lew Kopelew: Ja, selbstverständlich. Im November '32 haben ja die Kommunisten noch Stimmenzuwachs bekommen.

Heinrich Böll: Letzte freie Wahlen vor 1933...

Lew Kopelew: Ja, und die Nazis haben Verluste erlitten, die haben mindestens zwei Millionen Stimmen verloren, da glaubten wir, ja, ja, nun geht's bald los. Und wir glaubten, daß Hitler nur die letzte Schranke auf diesem Wege ist, also, daß es ein Verzweiflungsakt der Großbourgeoisie ist, daß sie Hitler an die Macht rief. Ich weiß noch, Karl Radek war es, glaube ich, der in der Istwestija ein großes Feuilleton verbrochen hat, damals im Januar oder Februar '33, der Titel heißt »Die Narren auf dem Thron«. Also, wir unterschätzten die Nazis, tatsächlich.

Heinrich Böll: Auch viele Deutsche haben sie unterschätzt. Ich glaube, daß Hindenburg und Papen, die eigentlich die Sache gemanagt haben, glaubten, sie würden das in der Hand behalten.

Lew Kopelew: Daß Hitler ihr Werkzeug bleibt.

Heinrich Böll: ...ihr Werkzeug bleibt. Also insofern ist da eine Parallele, wir haben's auch so empfunden, wir dachten, nun ja, der fünfte Reichskanzler ist eben der Hitler, in einem halben Jahr ist das vorbei. Ich möchte sagen, deshalb ergänze ich das, welches Unheil wirklich Hindenburg durch seine Dummheit verursacht, das haben wir auch nicht geahnt.

Klaus Bednarz: Was war das denn für eine Situation für Sie, Herr Kopelew, daß nach dem Einmarsch der Deutschen in Deutschland selbst keineswegs die Revolution losgeht, daß sich die Proletarier beider Länder in Uniform keineswegs verbrüdern, sondern aufeinander schießen. Was war das für Sie für eine Situation?

Lew Kopelew: Das war eine sehr bittere Enttäuschung, das muß ich gestehen. Und gleichzeitig war es auch eine neue Erkenntnis für mich, also für einen, der Marxist zu sein glaubte, daß gerade viele Arbeiter unter den Soldaten der Wehrmacht Nazis waren, richtige Nazis, richtig nazistisch, besonders die jüngeren Arbeiter.

Und Anti-Nazis, Antifaschisten unter den ersten deutschen Kriegsgefangenen das waren meistens Intellektuelle, die ersten, die ich kennengelernt habe. Das war auch eine sehr bittere Enttäuschung. Ich muß gestehen, eine Zeitlang im Krieg, war ich auch russisch-nationalistisch gestimmt. Als wir uns im November 1941 aus Nowgorod zurückziehen mußten, da war etwas seltsam Gräßliches geschehen. Nowgorod zum erstenmal in seiner tausendjähri- Geschichte in Feindeshand! Da dachte man wenig an Klassenkampf und Weltrevolution, das schmerzte einen. Dort, wo wir unsere Frontlautsprecher hatten, lagen auch Artillerie-Beobachtungsoffiziere, und sie mußten das Feuer auf Nowgorod richten, das war auch schmerzlich. Die Deutschen saßen in Nowgorod. Das konnten wir von der Beobachtungsstelle aus deutlich sehen. Wie wir nun mit eigenen Granaten die schönen Kirchen von Nowgorod beschießen, den Nowgoroder Kreml, da kamen einem die nationalistischen Gefühle hoch. Aber daß es zu einem Deutschenhaß bei mir jemals kam, nein, dagegen war ich nicht nur durch die Erziehung in der Kindheit immun geworden, dazu gehörte die allgemeine humanistische Erziehung und dann die internationalistische. Ja, man fühlte sich eben international. Sie haben mich gefragt, zu welcher Nationalität ich heute gehöre. Es ist vom heutigen Standpunkt aus so, wie ich mein Verhältnis zwischen Russentum und Judentum schildere. Als ich ein Komsomolze war, also mit zwanzig, fünfundzwanzig Jahren, fühlte ich mich einfach als Angehöriger der sowjetischen Nation, ich war ein sowjetischer Patriot und deswegen Internationalist. Mir waren alle Nationen gleich. Für Deutschland hatte ich ein besonderes Gefühl, weil ich die deutsche Sprache durch die deutsche Literatur liebte, weil für mich Goethe und Puschkin die großen, heute noch, die großen Heiligen im Pantheon waren.

Klaus Bednarz: Herr Böll, für Sie verband sich mit Rußland eine positive Vorstellung? Sie waren nicht der Meinung: Dieses sind nun in ihrer jetzigen neuen Staatsform, Sowjetunion, unsere gottgegebenen Erzfeinde, Naturfeinde? Was war es für Sie für eine Situation, als Sie dann doch gen Rußland marschierten? Mit der Wehrmacht.

Heinrich Böll: Ich bin sogar sozusagen freiwillig hier hergekommen. Ich kann das nicht anders ausdrücken. Ich hab's auch mal erklärt. Wir sind erzogen worden in der Schule von ehemaligen Frontsoldaten des ersten Weltkrieges. Und das Fronterlebnis war das Erlebnis unserer Vätergeneration, nicht das Erlebnis meines Vaters persönlich, er war ein Anti-Frontkämpfer, aber das ist uninteressant. Das Allgemeine ist interessant. Ich hatte bis 1941 nichts Ernsthaftes mit dem Krieg zu tun, nennen wir es so. Nach Frankreich kam ich erst, nachdem die Kriegshandlungen vorüber waren, als Besatzungssoldat. Es war eine wirklich törichte und auch unverantwortliche Neugierde, ich wollte wissen, wie das an der sogenannten Front ist. Dieses Erlebnis wollte ich selber auch haben, es war nicht psychologisch, sondern, ich kann es nicht erklären...

Klaus Bednarz: Mehr emotionell?

Heinrich Böll: Ich hätte das verhindern können. Wenn man so den ganzen bürokratischen Apparat der Wehrmacht kannte und die Möglichkeit, sich zu drücken, Atteste usw., hätte ich in Frankreich bleiben können. Ich dachte, ne, da fährste mal hin. Das hört sich jetzt sehr salopp an. Nicht weil's Rußland war, sondern um das sogenannte Fronterlebnis auch mal zu erfahren.

Klaus Bednarz: Aber die Tatsache, daß es Rußland war, hat Sie auch davon nicht abhalten können?

Heinrich Böll: Nein, nein. Mich interessierte das auch als Kampferlebnis gar nicht. Ich wollte nur einfach wissen, wie ist das, und bin dann auf die Krim gekommen, sehr spät, die war schon eingeschlossen; ich hab' meinen Leichtsinn und meine Torheit sofort bereut. Es war ja auch unverantwortlich gegenüber meiner Frau und meiner Familie, ich war ja schon verheiratet. Ich hab's dann also mitgekriegt, nennen wir das so. Merkwürdigerweise habe ich kein schlechtes Gewissen dabei gehabt. Und bin nun mal in dieser Armee mitgetrottet, ich kann das nicht anders nennen, ich war ein Mitläufer im wörtlichen Sinne, Sie haben's so genannt. Ich bin dann reumütig zurückgekehrt, mußte nochmal zurück, also nochmal das sogenannte Front-Erlebnis, da war die deutsche Armee schon in Rumänien und Ungarn, da habe ich das dann nochmal mitgemacht, aber dann war Schluß damit. Ja, dann war Schluß. Wissen Sie, das ist sehr kompliziert. Dieser Männlichkeitsmythos »Fronterlebnis«, das war mir immer verdächtig, schon als Junge. Wenn in der Schule die Lehrer anfingen zu erzählen: »Da stürmten wir, und dann schoß mir einer durchs Kochgeschirr...« und so'ne Scheiße, und wollte das auch entmythologisieren. Das ist mir gründlich gelungen. Und auch an mir selbst gründlich gelungen.

Klaus Bednarz: Herr Böll, Sie haben unmittelbar an der Front gegen die Russen gekämpft. Hat das irgendeine Wirkung auf Ihr Rußland-Bild, auf Ihr Bild von diesen Menschen gehabt, hat sich da irgend etwas geändert, wie hat sich das ausgewirkt? Als Sie mit einem Mal diesen Leuten im Grunde ja von Schützengraben zu Schützengraben gegenüberstehen und mit ihnen kämpften?

Heinrich Böll: Ja, nein, »kämpfen« ist eine Vokabel, über die man lange sprechen müßte. Nennen wir es meinetwegen so.

Klaus Bednarz: Im weitesten Sinne...

Heinrich Böll: Ich war dort im Schützengraben. Es hat sich eher meine Sympathie für die Russen, wenn ich das so nennen darf, verstärkt. Es kommt noch etwas hinzu, das ist interessant, Lew sprach von den ihn enttäuschenden jungen Arbeitern. Die waren damals zwanzig, zweiundzwanzig, die hatten schon acht

Deutsche Infanterie auf dem Vormarsch in der Sowjetunion im Sommer 1941

Jahre Nazi-Propaganda hinter sich. Die Arbeiter, die noch Kommunisten gewesen waren...

Klaus Bednarz: ... die waren nicht an der Front?

Heinrich Böll: ... die waren auch an der Front.

Klaus Bednarz: Im Strafbataillon?

Heinrich Böll: Nein, nicht alle. Das war eine sehr merkwürdige Sache. Ich hab' welche kennengelernt, die wurden entlassen aus Lagern oder ihre »Wehrunwürdigkeit« wurde aufgehoben. So '44 tauchten auch die Kommunisten in der deutschen Armee als vollwertige Soldaten auf. Sie durften nicht avancieren, also Obergefreiter war das höchste. Sie durften nicht Unteroffizier werden, waren gut militärisch ausgebildet, noch aus ihrer Kampfzeit, verstehen Sie? Alles irrsinnig kompliziert. Aber diese Jungens da, von denen Lew sprach, die zwanzig, ein-, zwei-, dreiundzwanzigjährigen waren ja schon acht Jahre mit Nazi-Propaganda erzogen worden. Es waren Zehn-, Zwölfjährige, als sie in die Hände der Nazis fielen. Und was ich bei manchen Arbeitern erlebt habe, ich hab' ja den ganzen Krieg unter Arbeitern gelebt, als nichtchargierter Soldat sind sie im Status des Arbeiters; ich bereue das nicht. Für viele, für die meisten, war der Anblick der Sowjetunion, sagen wir, die wirtschaftlichen, sozialen Zustände – soweit man die im Kriege überhaupt einigermaßen mitkriegt – aber du siehst ja ein Dorf...

Klaus Bednarz: ... die schlechten Wohnungen, die schlechten Straßen...?

Heinrich Böll: ... die schlechten Wohnungen – eine ungeheure Enttäuschung, verstehen Sie, das muß man auch wissen. Man muß es wissen, um den Anti-Kommunismus zu verstehen, der nach dem Krieg sehr stark war, der nicht nur Propaganda des Kalten Krieges war. Das Erlebnis der Sowjetunion, auch als Angehöriger der Armee, egal ob Nazi oder nicht, war nicht sehr ermutigend, kein gutes Beispiel für den Sozialismus oder Kommunismus. Es waren ja nicht alles Idioten, diese deutschen Soldaten, sehen konnten sie ja, und sie konnten auch Schlüsse ziehen. Das ist, glaube ich, ein wichtiges Moment, über das man zu wenig nachdenkt. Und dann kam natürlich die Eroberung durch die Rote

Armee, die auch nicht sehr ermutigend war, diese Befreiung mit und ohne Anführungsstriche. Ich will das nur jetzt einfügen als Erklärung für die Haltung dieser Generation, zu der ich auch zähle, und für den Anti-Kommunismus der fünfziger und vierziger Jahre. Dieses Erlebnis ist ein Moment gewesen. Mein persönliches Bild von Rußland hat sich eigentlich nicht geändert, ich sagte schon, es hat eher meine Sympathie verstärkt. Nicht Mitleid, sondern Sympathie, darauf lege ich Wert.

Klaus Bednarz: Die sich worauf gründet?

Heinrich Böll: Ich kann es nicht erklären, wahrscheinlich war der Grund gelegt durch die Lektüre. Und daß da Menschen waren, ich will das gar nicht anders ausdrücken, war so selbstverständlich und so sichtbar, auch im ärmsten Dorf. Sehr viel Menschlichkeit, verstehen Sie, sehr viel Menschlichkeit. Ich hab' dann monatelang im Lazarett gelegen und dort mit russischen oder sowjetischen Menschen zu tun gehabt, die brachten uns Brot und anderes. Diese Menschlichkeit, die strahlte so deutlich, Deutschenhaß habe ich nie gespürt. Meine Sympathie für Rußland ist noch gewachsen durch dieses sogenannte Fronterlebnis, und ich habe den Männlichkeitsmythos in seiner Lächerlichkeit erkannt.

Klaus Bednarz: Sie sagten, daß während des Krieges eigentlich das Russenbild bei Ihnen noch an Sympathie gewonnen hat.

Heinrich Böll: Ja, das muß ich auch betonen, weil ich sehr viele sowjetische Kriegsgefangene gesehen habe, noch im Westen, die dort arbeiteten. Sie wurden fürchterlich behandelt, eins der grausamsten Kapitel der deutschen Wehrmacht, nicht der Nazis, das waren ja Gefangene der Wehrmacht. Wir haben viele sowjetische Soldaten gesehen, auf der Straße, wenn Bombenangriffe waren, mußten sie räumen, da konnt' man mal jemand 'ne Zigarette zustecken, verstehen Sie? Diese Erniedrigung des Menschen, nicht der Anblick der Untermenschen, sondern der als Untermenschen behandelten Menschen, dieses Erlebnis habe ich ja viel früher gehabt, schon '41, '42, '43. Es gab sowjetische Kriegsgefangene, die in Frankreich Festungsbau machten, da waren wir als Soldaten in der Nähe, wir konnten sie sehen, auch mit ihnen reden. Und ich hab' sehr selten erlebt, daß ein Wehrmachtssoldat diese Menschen schlecht behandelt hat, das kann ich nicht sagen. Im

Gegenteil, wir haben immer versucht, ihnen irgendwas zuzustekken. Dieses Erlebnis gehört vor das sogenannte Fronterlebnis, sehr wichtig. Meine Frau hat die Kriegsgefangenen auch gesehen, sie war berufstätig und fuhr dauernd mit dem Zug zwischen Köln und Ahrweiler. Immer, wenn Bombenangriffe auf die Bahn waren, mußten die Russen ran, weil sie die unterste Stufe bildeten und die schmutzigste und gefährlichste Arbeit tun mußten. Das haben wir natürlich gesehen und daher auch die Sympathie.

Klaus Bednarz: Es hätte sich ja nun während des Krieges durchaus ergeben können, daß Sie sich beide unmittelbar gegenüber gelegen hätten. Der eine auf der einen Seite der Front, der andere auf der anderen Seite der Front. Herr Kopelew, Sie waren damals Major in einer Propaganda-Kompanie, Herr Böll, Sie waren Obergefreiter. Herr Kopelew, können Sie sich in der Phantasie vorstellen, wie die Szene gewesen wäre, wenn dem sowjetischen Major Kopelew der deutsche Obergefreite Böll in die Hände gefallen wäre? Wie hätte diese Szene ausgesehen? Können Sie sich das ausmalen?

Lew Kopelew: Ja, ich brauche nicht viel zu phantasieren. Denn es gab ja sehr viele Fälle solcher Art. Und ich habe auch heute noch Freunde, nicht nur in der DDR, sondern auch in der Bundesrepublik, die ich als Kriegsgefangene kennengelernt habe. Einer meiner sehr guten Freunde, der in Hamburg lebt, Otto Engelbert*, dem ich vielleicht auf diese Art einen Freundesgruß übermitteln kann, der war bei uns Kriegsgefangener, der war, glaube ich, auch nur Obergefreiter oder sogar Gefreiter. Und die Freundschaft die damals begann, dauert schon fast vierzig Jahre.

Klaus Bednarz: Ihre Aufgabe aber war, die Leute umzuerziehen oder, wie würden Sie's formulieren?

Lew Kopelew: Die erste Aufgabe war, zu erkennen, was mit den Gefangenen los war. Also das, was wir politische Aufklärung nannten. Das heißt, wir wollten wissen, wie die moralische, politische Einstellung des deutschen Soldaten war. Deswegen zunächst: Verhören oder zuerst sogar sich nur unterhalten.

Klaus Bednarz: Befragen?

---

* siehe Beitrag Seite 108

Flugblatt der sowjetischen Frontpropaganda mit Abbildungen aus dem Kriegsgefangenen-Durchgangslager Nr. 270, südöstlich des Ilmensees

Lew Kopelew: Richtig, befragen. »Verhör« paßt hier nicht als Ausdruck. Zunächst befragen. Und da sah man, was der Mensch wert ist, beim Befragen. Und ich glaube, daß keiner von den deutschen Kriegsgefangenen – ich habe Tausende erlebt in den vier Jahren – sich über mich beschwert haben kann. Da war das nächste Stadium die Erziehung, also man wollte sie zu Antifaschisten umerziehen. Und ich habe viele Freundschaften aus dieser Zeit.

Heinrich Böll: Was nicht gleichbedeutend ist mit Erziehung zum Kommunisten.

Lew Kopelew: Antifaschisten ...

Heinrich Böll: Ja.

Lew Kopelew: Ja, eben Erziehung zu Antifaschisten, zu Gegnern Hitlers. Schwarz-weiß-rot war ja die Farbe vom Nationalkomitee »Freies Deutschland«.

Klaus Bednarz: Oder wollten Sie sie auch zu Kommunisten machen?

Lew Kopelew: Ja, gerne, in absehbarer Zeit hoffte man, daß mancher von denen zum Kommunisten wird. Aber solche, die sich über Nacht zum Kommunismus bekannten, die waren mir immer verdächtig. Es gab auch solche. Ich möchte jetzt keine Namen nennen, weil manche auch ziemlich hoch gerutscht sind im anderen Teil Deutschlands. Aber die erste Aufgabe war eben antifaschistische Solidarität. Es gab sogar einen Witz bei uns. Also, es gab richtige Antifaschisten, und es gab »Kaschisten«, vom Wort »Kascha«, also die sich wegen der Kascha, der Grütze, umerziehen lassen. Es hat sich ja vieles geändert während der vier Jahre, wo wir gegeneinander Krieg führten. Auch die Einstellung gegenüber dem Gegner. '41 und '42, als wir zurückgingen, als wir eine Stadt nach der anderen verloren haben, da war man mehr verbittert als nach den ersten großen Siegen, nach Stalingrad, nach Orel und Kursk. Aber immer galt es: Wir wollen nicht die Menschen zu Kommunisten in wenigen Tagen oder sogar Wochen umschmieden. Wir wollen denen nur die Wahrheit über den Nazi-Staat erzählen.

Klaus Bednarz: Herr Kopelew, das sagen Sie für sich. Und Sie sagen für sich, daß Sie eigentlich zu all denen, die Ihnen in die Hände fielen, ein gutes Verhältnis gehabt haben. Würden Sie das verallgemeinern für die ganze Rote Armee?

Lew Kopelew: Für die meisten von meinen Freunden, ja.

Klaus Bednarz: Also für diejenigen, die in Ihrer Funktion in der Roten Armee waren als Propagandaoffiziere?

Lew Kopelew: Für die meisten davon. Es gab auch Menschen, die chauvinistisch dachten, die alle »Fritzen« haßten, es gab solche.

Klaus Bednarz: »Fritz« – das Schimpfwort für die Deutschen?

Lew Kopelew: Der Spitzname für die Deutschen*. Es gab auch bei uns komische Idealisten, die glaubten, man kann aus den Menschen in einer Woche einen Kommunisten machen. Aber soweit ich mich erinnern kann, und ich habe noch für ältere Zeiten ein gutes Gedächtnis, die meisten meiner Kollegen, die dachten so wie ich. Man kann eine gemeinsame antifaschistische, nicht gleich Weltanschauung, sondern einen gemeinsamen antifaschistischen Blick für diesen Krieg, für den Nazi-Staat haben. Und ich weiß, manche haben nur diskutiert und sagten, ach, was fängst du mit dem Kerl an, der ist so antikommunistisch, der schimpft auf die Sowjetunion, für ihn sind unsere Straßen dreckig und unser Leben schlecht. Da sagten wir, na, laß ihn, wenn er nur gegen Hitler ist, das ist das wichtigste. Dann ist er unser Bundesgenosse, ist er unser Verbündeter.

Klaus Bednarz: Aber Sie waren ja damals in Ihrer Funktion so etwas wie Herr über Leben und Tod. Sie konnten die Leute auch in die Lager weiterschicken, und je nachdem in welche Lager sie kamen, gab's eine Chance zum Überleben oder nicht zum Überleben?

Lew Kopelew: Sie schätzen meine Funktion zu hoch ein. Ich war einer der Propaganda-Offiziere. Über Leben und Tod entschieden wir nicht, und in welche Lager die Kriegsgefangenen

---

* »Fritz«, »Iwan«, »Tommy« und »Ami« sind mehr Spitznamen als Schimpfworte

Deutsche Truppen im Dezember 1941 vor Moskau

kamen, darüber entschieden die Menschen von der NKWD*, vom Innenministerium. Die Gefangenenlager gehörten dem Innenministerium. Und sobald die Gefangenen aus dem Frontgebiet wegkamen, gehörten sie nicht mehr zu uns. Da hatten wir nichts zu entscheiden.

Klaus Bednarz: Aber Sie konnten sich ungefähr das Schicksal der Kriegsgefangenen vorstellen, was sie erwartet, wenn sie erstmal weitergeschickt werden?

Lew Kopelew: Ja. Wissen Sie, manchmal haben wir uns das viel besser vorgestellt, als es in der Wirklichkeit war. Erst '43 kamen zu uns an die Front deutsche Soldaten, die tief im Hinterland in der Kriegsgefangenschaft gewesen waren, die durch das Nationalkomitee »Freies Deutschland« wieder zurück an die Front kamen. Und da haben wir zuerst zu hören bekommen, daß die auch dort Kohldampf schieben mußten und daß sie hart arbeiteten. Aber so schlecht, wie es in vielen Lagern nachher war, das wußten wir damals nicht.

---

* Volkskommissariat des Inneren. Bezeichnung für die diesem Ministerium unterstellte politische Geheimpolizei (1934–1944)

Klaus Bednarz: Das heißt, Sie als Frontoffiziere wußten nicht, wie schlimm die Situation in Ihren eigenen Lagern ist?

Lew Kopelew: Ja. Also, da mußte ich erst selber ins Lager kommen, um das wirklich zu erfahren. Wenn ich den deutschen Soldaten da vorne mit dem Lautsprecher sagte: Gefangen, gerettet, glaubte ich es selbst, absolut. Bis zuletzt.

Heinrich Böll: Wir wußten ja auch nicht alle, was in den Lagern passierte. Wußten nicht einmal, daß sie existierten.

Klaus Bednarz: In den deutschen Lagern?

Heinrich Böll: In den Konzentrationslagern. Verstehen Sie, diese Desinformation über das, was in dem Land, in dem man lebt, passierte, ist, glaube ich, international. Das wollte ich jetzt nur ergänzen.

Klaus Bednarz: Aber daran angeschlossen die Frage, Herr Böll: Wie wäre die Situation umgekehrt gewesen? Können Sie sich die Szene vorstellen, wenn der sowjetische Propaganda-Major Kopelew in die Hände des deutschen Obergefreiten Böll gefallen wäre? Wie hätte da die Szene ausgesehen?

Lew Kopelew: Du mußtest mich umlegen, sofort.

Heinrich Böll: Nein. Ich hätte ihn ohne jede Einschränkung laufen lassen. Zurück, wenn er wollte. Ich kannte ja aus Anschauung die Behandlung sowjetischer Gefangener in Deutschland. Und da gab's Anschauung genug. Ich glaube, daß kaum jemand sagen kann, er hat das nicht gesehen. Sie arbeiteten in der Schwerindustrie, immer, wenn Bombenangriffe waren, wo Blindgänger noch in den Trümmern waren, da mußten immer sowjetische Gefangene ran. Und diese Behandlung, die ich von '41 bis '43, wenn ich zuhause war, studieren konnte, auch in Frankreich, hätte mich veranlaßt, jeden laufen zu lassen. Wir müssen da über das Wort »Kämpfer« reden. Ich war zwar »Frontkämpfer«, aber kein Kämpfer. Ich bin nie in die Lage gekommen, persönlich Gefangene zu machen. Das ist schwer zu erklären, aber in die Lage bin ich nie gekommen, denn seitdem ich an der sogenannten Ostfront war, war eigentlich nur immer »Rückzug« die Parole. Das war das erste, was ich lernte. Ein Obergefreiter empfing mich und sagte, also paß mal auf, du mußt immer wissen, wo du zurückgehen kannst. Das war das erste, was ich erfuhr: Das ist das Wichtigste hier. Wir waren ja eigentlich eine Rückzugsarmee, ab 1943. Aber ich will die Frage klar beantworten: Ich hätte Lew Kopelew laufen lassen.

Klaus Bednarz: Das gilt für den Obergefreiten namens Böll. Wenn wir den Namen weglassen und nur noch den Rang und den Dienstgrad belassen, wie hätte dann die Situation ausgesehen: In die Hände der deutschen Wehrmacht fällt ein sowjetischer Propagandaoffizier?

Heinrich Böll: Furchtbar. Ein furchtbares Schicksal. Wahrscheinlich hätten sie ihn sofort erschossen. Das habe ich auch gesehen, daß man Gefangene, die sich wirklich ergaben, umlegte. Und das schon hätte mir, wenn ich die Gelegenheit gehabt hätte, gereicht, um jeden laufen zu lassen. Und, wenn er nicht sofort erschossen worden wäre, wäre er in ein Lager gekommen, das wäre furchtbar gewesen. Das weiß man ja genau, was mit diesen, gerade mit ihm, passiert wäre als deutschsprechender Propaganda-Offizier. Es gab ja auch den Kommissarbefehl (vergl. Dokument S. 218). Ich habe die russische Propaganda auch gehört. Nicht von ihm, sondern von seinen Kollegen. Wir haben ja die Lautsprecher gehört, wir waren ja nahe genug dran. Da hieß es, »Deutsche Soldaten, gebt auf, kommt rüber«, usw. Da waren wir natürlich mißtrauisch. Die deutsche Propaganda über das Schicksal, das uns erwartete, wenn wir überliefen, saß natürlich drin. Und der Blick auf die Landkarte, das muß ich nochmal wiederholen. Die Sowjetunion ist riesig, da konnte man leicht verlorengehen.

Klaus Bednarz: Wenn nun aber der Obergefreite Böll dabei beobachtet worden wäre, daß er den sowjetischen Propaganda-Major Kopelew laufenläßt, was wäre denn dann dem Obergefreiten Böll passiert?

Lew Kopelew: Der wäre an die Wand gestellt worden.

Klaus Bednarz: Waren Sie sich darüber damals im klaren?

Heinrich Böll: Ich wäre nicht in jedem Fall erschossen worden. Es gab große Unterschiede innerhalb der deutschen Wehrmacht.

Auch da müßte man differenzieren. Wenn ich mich jetzt erinnere – ich hab' nicht viel darüber nachgedacht –, mit welchen Offizieren ich zusammen war, ich glaube, die hätten mich nicht erschossen. Das gab's ja auch. Es war ja nicht die Regel, daß Gefangene erschossen wurden, verstehen Sie, das muß man auch wissen.

Lew Kopelew: Es gab ganz verschiedene Individualitäten.

Heinrich Böll: Es war Zufall, es war Willkür und sozusagen dem einzelnen überlassen. Aber wenn ich mich jetzt zurückerinnere, ich weiß nicht mehr genau, ist ja auch 'ne Weile her, die Leutnants, die da mit uns vorne hockten, ich glaube, die hätten mich nicht erschossen. Sie hätten gesagt, »Sie sind wohl verrückt, diesen Lump da laufen zu lassen«, verstehen Sie? Auch das muß man wissen. Es gab schreckliche Leute in den hochverantwortlichen Stellen der deutschen Wehrmacht, ich halte sie für mitschuldig an vielem. Die Wehrmacht wird ja immer noch geschont. Aber innerhalb der Armee gab's große Unterschiede. Und wenn Gefangene erschossen wurden, war es auch manchmal aus Angst. Man muß die psychologische Situation bedenken. Nein, ich glaube nicht, daß ich erschossen worden wäre. Man kann ja manchmal mehr riskieren,

Russische Frauen und Kinder in den Trümmern des durch deutsche Truppen zerstörten Dorfes.

als man riskiert. Ich glaube, das ist das wichtigste, die wichtigste Erkenntnis im Krieg und auch im Frieden. Im Frieden könnte man auch noch mehr riskieren, als man riskiert.

Klaus Bednarz: Herr Böll, Sie sagten, alles in allem hat Ihr Rußland-Bild durch die Kriegserfahrungen eigentlich eher noch sympathischere Züge angenommen?

Heinrich Böll: Ja.

Klaus Bednarz: Sie waren aber nicht beim Einmarsch der Roten Armee in Ostpreußen dabei ...

Heinrich Böll: Nein.

Klaus Bednarz: ... wo Lew Kopelew dabei war, wo ja sehr viele ganz schlimme Dinge beschrieben worden sind, die Lew Kopelew in seinem Buch »Aufbewahren für alle Zeit« ja auch von sowjetischer Seite dargestellt hat. Sie kennen diese Geschehnisse. Wie weit hat das Wissen, das sie nachträglich davon bekommen haben von diesen Geschehnissen, auf Ihr Bild der Russen und Rußlands Einfluß gehabt?

Heinrich Böll: Ich habe die Dinge, die man da erfahren hat, Details, sehr viele, nie generalisiert. Die psychologische Situation der Roten Armee war mir vollkommen klar. Der Vormarsch durch das eigene, total zerstörte Land, nach jahrelangem Krieg, der fast eine Totalvernichtung der sowjetischen Struktur und Landschaft war, da kommt man also plötzlich in das Land dieses Feindes. Ich kann mir das psychologisch sehr gut vorstellen, wie die Soldaten der Roten Armee, und nicht nur Kriminelle, empfunden haben. Das muß vorausgesetzt sein. Es muß vorausgesetzt sein, wenn man über diese wirklichen Greuel spricht. Welche historische Reihenfolge sie haben. Was ich schlimm daran finde, was auch eines der Hauptargumente des propagandistischen Antikommunismus war, daß dort eine sozialistische Armee kam, die auf diese Weise befreite. Ich hab' das noch zum Teil in Ungarn erlebt, wo die Rote Armee wirklich von einem großen Teil der Bevölkerung als Befreier begrüßt und auch empfunden wurde. Es war dort ganz anders.

Klaus Bednarz: Anders als auch in Polen?

Heinrich Böll: Anders als in Polen. In Ungarn herrschten fürchterliche soziale Unterschiede – ich bin da lange gewesen und hab' viel mit den Leuten gesprochen, als Verwundeter in Kneipen rumgehangen –, so daß die Leute sich wirklich durch den Sozialismus die Befreiung erhofften. Wie das später gekommen ist, wie das praktisch vor sich ging, kann ich nicht sagen. Aber da war die Erwartung einer Befreiung drin, das kann ich für Ungarn sagen. Aber die, sagen wir, sozialen Strukturen, auch im Nazi-Reich, waren nicht so kraß unsozial, wie sie in manchen Ländern Osteuropas waren. Die merkwürdige deutsche Armee hatte ja, das klingt jetzt überraschend, sozialistische Züge. Die Gleichheit etwa der Verpflegung, die theoretische...

Lew Kopelew: ...besser als bei uns.

Heinrich Böll: Theoretische Gleichheit, verstehen Sie? Jeder konnte sich was besorgen, und ein General konnte sich natürlich mehr besorgen als ein Obergefreiter. Aber offiziell bekam jeder seine Ration. Das war ein, sagen wir jetzt, versteckter sozialistischer Zug. Das muß man auch wissen. Verstehen Sie, ob ich Rationen holte für einen Oberleutnant, einen Hauptmann oder für einen Schützen, die kriegten alle dasselbe Fressen.

Klaus Bednarz: Um noch einmal darauf zurückzukommen... Dieses für die Deutschen doch traumatische Erlebnis: Einmarsch der Roten Armee in Ostpreußen, Herr Kopelew, Sie waren dabei, Sie waren Augenzeuge: Haben Sie eine Erklärung, Entschuldigung, eine Einordnung dessen, was da passiert ist?

Lew Kopelew: Erklärung wohl, Entschuldigung nicht. Ich möchte das auseinanderhalten. Was eben Herr Böll gesagt hat, das stimmt. Ich habe auch Verständnis für Soldaten gehabt, deren Familien umgekommen waren, umgebracht waren, die die zerstörten, abgebrannten Dörfer gesehen hatten, das habe ich auch selbst erlebt. Und manche Greueltaten auch. Aber sehen Sie, was da geschehen ist, das war für mich absolut unerwartet. Ich glaubte, wir sind doch die sozialistische, die internationalistische Armee. Ich muß sagen, ich kenne nicht die Statistiken. Wieviel Lumpen und Marodeure und Gewalttäter wir gehabt haben, weiß ich nicht. Ich glaube, daß es doch eher eine kleine Minderheit war, nur daß sie viel mehr Aufsehen erregte. Ich habe es erlebt bei Soldaten und bei höheren Offizieren, die strikt dagegen waren. Ich weiß noch, ich kenne noch den Namen, der war damals Oberst oder Generalmajor Smirnow von der Kavallerie-Division, der ohne weiteres seinen Leutnant an Ort und Stelle füsilieren ließ, der an einer Notzucht beteiligt war. In Ostpreußen war das, in Allenstein.

Klaus Bednarz: *Aber es gab auch die anderen, und glauben Sie, daß zum Beispiel Ehrenburgs Flugblatt authentisch ist oder nicht authentisch ist, wenn gesagt wurde, »Tötet die Deutschen, nehmt Euch ihre Weiber« usw., usw.*

Lew Kopelew: Direkt wurde es nie gesagt. Ein Ehrenburg-Flugblatt, das zur Vergewaltigung aufrief, existierte nicht.* Aber Haß hat Ehrenburg gesät. Haß aber war eher bei der Etappe als bei der kämpfenden Truppe. Ich muß sagen, die schlimmsten Marodeure und die Gewalttäter, das waren viel weniger die kämpfenden Soldaten, die hatten einfach weniger Zeit dazu, sondern die von der Etappe, verstehen Sie mich?

Heinrich Böll: Das gibt auch – entschuldigen Sie, daß ich Sie unterbreche – einen Rausch.

Lew Kopelew: Ja, das gibt es.

Heinrich Böll: Es gibt auch einen Rausch des erobernden Soldaten. Ich erinnere mich an den Krieg in Frankreich, an dem ich nicht kämpfend teilgenommen habe, aber in zweiter, dritter Linie dahinter marschiert, haben wir natürlich auch geklaut. Mal 'n Hemd, mal 'n Fahrrad, Wein sowieso.

Klaus Bednarz: *Klauen und massenhafter Mord und Vergewaltigung?*

Heinrich Böll: Natürlich. Aber es gibt so eine Art Rausch. Obwohl überall auf allen Straßen in jedem französischen Dorf stand »Plündern wird mit dem Tode bestraft«.

Klaus Bednarz: *Es gab diese offiziellen Befehle von oben?*

Heinrich Böll: Es gab diesen offiziellen Befehl in der Roten Armee auch ...

---

* Josef Goebbels war es, der diesen angeblichen Flugblattinhalt erfunden hat. (Anmerkung der Redaktion)

Lew Kopelew: Am 21. Januar 1945 gab es einen Befehl: »An Ort und Stelle Marodeure, Gewalttäter erschießen«, das gab es. Deswegen mußte ich in den Knast.

Heinrich Böll: Ich will auf diesen Rausch zurückkommen, denn den gibt's natürlich, und der ist irrational, unpolitisch, hat nichts unbedingt mit Feind und Freund zu tun, sondern ist auch physisch bedingt. Ein Mensch, der ungeheuer angestrengt ist, der 60 Kilometer gelaufen ist, kommt dann in ein Kaff rein, der ist in einem nicht mehr berechenbaren Zustand, das gibt's auch.

Lew Kopelew: Ja, das stimmt.

Heinrich Böll: Und da können auch, das hat's in Frankreich natürlich auch gegeben, Vergewaltigungen vorkommen.

Danach lernten auch sie Leid kennen: Königsberg 1945

Lew Kopelew: Und es gab oft auch bei den jüngeren Soldaten welche, die von der Schulbank zur Armee kamen, überhaupt nichts gelernt haben, außer Töten und Schießen.

Heinrich Böll: Dieser Rausch, den hat jede Armee, den haben die Franzosen, den haben die Amerikaner auch gehabt.

Klaus Bednarz: Herr Kopelew, Sie sagten, das wäre eine kleine Minderheit gewesen. Sie haben versucht, den Ausschreitungen entgegenzuwirken?

Lew Kopelew: Ja.

Klaus Bednarz: Sie sind dafür aber in ein sowjetisches Lager gekommen?

Lew Kopelew: Ich bin nicht der einzige, der es versucht hat. Das möchte ich betonen. Und ins Lager bin ich gekommen nicht deswegen, sondern weil meine Vorgesetzten, die eben für Plünderungen waren, nach diesen eindeutigen Befehlen, daß es strafbar ist, nun Furcht hatten, ich werde sie denunzieren. Das ist schon die Psychologie der Apparatschiks gewesen.

Klaus Bednarz: Aber Ihre offizielle Anklage war Mitleid mit dem Feind?

Lew Kopelew: Ja, ja, Mitleid mit dem Feind. Und das klang, fürchte ich sogar, ganz schlimm. Weil ich nicht nur gegen die einzelnen Erscheinungen protestiert habe. Meine unmittelbaren Vorgesetzten fühlten sich dadurch gefährdet.

Klaus Bednarz: Und dafür haben Sie dann aber immerhin zehn Jahre in einem sowjetischen Lager gesessen.

Lew Kopelew: Zunächst wurde ich freigesprochen. '46 wurde ich dafür freigesprochen. Dann bekam ich drei Jahre, und dann bekam ich meine zehn Jahre. Aber das hat schon seine Ursachen nicht in dem Ostpreußen-Erlebnis, das ist schon was anderes.

Klaus Bednarz: Das hat schon mit Stalin zu tun?

Lew Kopelew: Ja, das hat mit Stalin zu tun, also mit dem Automatismus dieses ganzen Strafapparats.

Klaus Bednarz: Warum haben Sie dann sehr viel später doch dieses Buch darüber geschrieben, nicht nur darüber, aber ein wichtiges Kapitel Ihres Buches darüber?

Lew Kopelew: Ja, weil für mich das ein schweres Erlebnis war, es war eine bittere Enttäuschung über die eigene Armee, über die eigene Ideologie. Verstehen Sie mich? Das Ostpreußen-Kapitel ist ja nur ein Kapitel von vierzig Kapiteln in dem Buch. Ja, für mich war es ein sehr großes und in manchen Hinsichten ein sehr entscheidendes Erlebnis. Und es wurde auch zum ersten Vorwand für meine Verurteilung.

Klaus Bednarz: Herr Kopelew, Herr Böll, mehrere Jahrhunderte lang war die deutsch-russische Geschichte eigentlich gar nicht so eine unglückliche. Die dunkelste Epoche unserer gemeinsamen Geschichte war der Zweite Weltkrieg. Für Sie beide ist der Zweite Weltkrieg eigentlich das Schlüsselerlebnis Ihrer Existenz, Ihrer Biografie. Sie haben sich beide nach dem Zweiten Weltkrieg der Aufarbeitung dieser Problematik vorrangig gewidmet. Sie über Ostpreußen, Sie, Herr Böll, über die Sicht eines Deutschen, der am Kriege teilgenommen hat. Sie sind beide in Ihren Ländern in gewisser Weise in den Ruf eines Nestbeschmutzers gekommen. Herr Kopelew ist zu einer öffentlichen Unperson geworden, Sie haben sich den Zorn vieler vermeintlicher Patrioten und anderer zugezogen. Wie sehen Sie denn, Herr Kopelew, heute – und in diesem Jahr ist ja der 40. Jahrestag des Kriegsbeginns – das Verhältnis der Sowjetbürger zum Begriff »Deutsche«, »Deutschland«, vielleicht Deutschland in einem großen Sinne, von dem man immer noch denkt und manch einer träumt bei uns im Sinne eines wiedervereinigten Deutschland. Wie sieht das heute für den Sowjetbürger aus?

Lew Kopelew: Pauschal urteilen darf man ja nicht. Ich glaube mit einer gewissen Sicherheit behaupten zu dürfen, daß Nachklänge von dem Krieg und von dem durch den Krieg erzeugten Haß so gut wie weg sind. Bei der Jugend keine Spur davon. Keine Spur. Und das gilt nicht nur für die Beziehungen zur DDR, sondern auch ebenso für Westdeutschland, für die Bundesrepublik. Und trotz einer bestimmten Propaganda, die in den vierziger und in den fünfziger Jahren noch ziemlich laut war, wo Westdeutschland das »revanchistische Westdeutschland« war, wo man – wie man bei uns sagt – Fliegen zu Elefanten aufbauschte und alles, was die

NPD machte oder die deutsche »National-Zeitung«, propagierte, in der Sowjetunion als eine allgemeine Erscheinung von manchen Journalisten oder Propagandisten hingestellt wurde. Trotzdem, es gibt keinen Deutschenhaß heute bei uns. Das glaube ich sicher sagen zu können. Jetzt die Beziehung zu dieser Teilung. Was mich anbetrifft, ich finde es ist ein tragisches Paradox, das einmal aufhören muß. Ich hab' die Mauer erlebt, ich war in der DDR '64 und '65 und hab' die Mauer vom Osten aus gesehen. Das war eines der schrecklichen Erlebnisse, muß ich sagen. Und wenn ich mit Freunden hier in Moskau spreche, manche kümmern sich nicht darum, das ist eine Tatsache. Aber wenn man ihnen ein Beispiel gibt, stell dir vor, daß der Moskwa-Fluß zu einer Staatsgrenze würde, daß du hier bist und deine Freunde, deine Verwandten auf der anderen Seite, in einem anderen Staat, das wird sofort verständlich. Bei den Älteren vielleicht kann man noch hören, ach ja, die haben noch die Nazis am Ruder, die haben noch die Nazi-Richter. Ja, es gibt noch den Revanchisten-Schreck bei einem bestimmten Teil der Presse, das wird immer wieder genutzt. Aber im großen und ganzen glaube ich: Es gibt keinen Deutschenhaß mehr. Und nun, da muß ich mich eben auf Heinrich Böll berufen, daß dies mal aufzuhören begann, diese Nachwehen des Krieges, dazu hat er viel beigetragen. Die Bücher von Heinrich Böll, die ersten sind '57 bei uns verlegt worden, die waren ein großes Erlebnis für hunderttausend und nachher für Millionen Menschen. Man kannte den Deutschen nicht mehr. Man kannte den Deutschen, wie er in der klassischen Literatur war, man kannte ihn aus der antifaschistischen Literatur, aber diese Vorstellungen haben durch den Krieg eine Zäsur erhalten, und dem, was früher war, dem glaubte man nicht mehr so sicher. Und dann die Zeit bis zu Stalins Tod und die ersten Jahre nach seinem Tod, wo überhaupt wenig oder gar keine Bücher moderner deutscher Autoren hier verlegt wurden oder vielleicht nur wenige aus der DDR, und die behandelten auch kaum Kriegs- und Nachkriegsprobleme, bis vielleicht auf eine große Erzählung von Anna Seghers, »Mensch ohne Namen«. Aber dann kam als erste Entdeckung des neuen Deutschen sonderbarerweise ein Roman von Remarque, der hier '56 aufgelegt wurde, »Zeit zu leben, Zeit zu sterben«. Da kam der große Remarque-Boom, '56 bis '60, '61 war das. Mit Remarque entdeckte man wieder den richtigen Deutschen, also den guten und den schlechten, und nicht nur den schlimmen oder den Erzfeind oder den hitlertreuen Fritzen, wie man es früher sich vorgestellt hat. Und dann kamen Bölls Bücher.

Das erste Buch, das hier erschien, »... und sagte kein einziges Wort«. Und dann »Brot der frühen Jahre« und dann die Erzählungen. Damals bin ich auch viel mit Vorträgen herumgereist in Bibliotheken, in Instituten aufgetreten, und damals hatte ich viel Erfahrung mit Lesern aus verschiedenen Schichten und aus verschiedenen Städten, von Moskau bis Wladiwostok. Und da sah ich, das war eine neue Entdeckung Deutschlands.

Klaus Bednarz: Würden Sie so weit gehen zu erklären, daß das psychologische Verhältnis zwischen Deutschen und Russen als »wieder normal« zu bezeichnen ist?

Lew Kopelew: Ja, nun, menschlich, das bestimmt. Ich glaube, dieses Mißtrauen, diese Furcht vor Revanchisten, die es noch vor zwanzig Jahren in bestimmten Bevölkerungsschichten gab, besonders in den westlichen Gebieten, die die Okkupation erlebt haben, oder in Leningrad, die die Belagerung erlebt haben, die gibt es nicht mehr. Ich weiß von Menschen, nicht nur von Russen und von Polen, die noch '50, '51 sagten: »Nein, nach Deutschland gehe ich nie, ein deutsches Buch nehme ich nie mehr in die Hand, mit einem Deutschen werde ich nie Freund sein«, daß gerade die nach der Böll-Lektüre umgelernt haben.

Klaus Bednarz: Und was das wiedervereinigte Deutschland anbelangt, über das man ja auch bei Ihnen in Ihren Kreisen, wenn ich das so sagen darf, in der Intelligenz ja durchaus nachdenkt, heißt das automatisch, ein wiedervereinigtes Deutschland unter kommunistischem Vorzeichen, oder welches wiedervereinigte Deutschland wäre für Sie denkbar?

Lew Kopelew: Für mich?

Klaus Bednarz: Ja, für Sie persönlich.

Lew Kopelew: Ein menschliches Deutschland. Also, da möchte ich von allen Ismen Abstand nehmen. Menschliches heißt demokratisches, humanistisches. Kommunistisches, nein, ich bin kein Kommunist mehr.

Klaus Bednarz: Herr Böll, umgekehrt, das Bild der Russen, der Sowjetunion in Deutschland. Würden Sie das so positiv sehen, wie's Herr Kopelew sieht?

Der »Stalingrad nach Berlin«-Tanz

Heinrich Böll: Es ist schwer zu sagen. Wo ich das persönlich erlebe, sagen wir beim Tankwart oder wenn ich irgendwo einkaufen gehe und jemand weiß, ich war in der Sowjetunion oder so, ist die Reaktion positiv. Es herrscht aber auch gleichzeitig sehr viel Verdrängung. Man sieht die zeitliche Reihenfolge nicht und ist sich nicht darüber klar, daß ja Hitler eigentlich die Rote Armee provoziert hat, nach Deutschland zu kommen. Wenn ich ein Land angreife, und das wehrt sich und seine Armee rückt vor, darf ich mich nicht wundern, wenn die plötzlich in Berlin ist. Dieser Denkprozeß wird nicht vollzogen. Man denkt an die schrecklichen Dinge, die in

Ostpreußen geschehen sind usw., aber wie die Rote Armee eigentlich nach Deutschland gekommen ist, das wird einfach nicht wahrgenommen, obwohl es auf der Hand liegt.

Ich habe eigentlich noch nie, weder bei Intellektuellen noch bei den Leuten, die man so alltäglich kennenlernt, irgendeinen Haß auf die Russen erlebt. Aber er existiert ja noch in den gedruckten Medien, hauptsächlich in bestimmten Zeitungen, in bestimmten politischen Kreisen, weil dieser Denkprozeß niemals vollzogen wird. Daß Deutschland die Sowjetunion angegriffen hat, sogar bei Existenz eines Vertrages.

Man wird sich nicht darüber klar, daß Papen und Hindenburg – ich halte Papen für den Hauptschuldigen an unserer Geschichte – diesen Prozeß eingeleitet haben. Sie mußten wissen, daß Hitler Krieg anfängt. Also kommen wir auf die Reihenfolge zurück: Die Deutschen haben die Sowjetunion angegriffen, die hat sich gewehrt, sie hat zurückgeschlagen. Diese simple Tatsache, daß die Rote Armee eigentlich durch Hitler »eingeladen« worden ist, Deutschland zu erobern, und daß sie selbstverständlich in dem Teil, den sie beherrschte, den Sozialismus, Kommunismus mit all seiner Bürokratie installierte. Wenn man sich darüber klar würde, dann könnte auch dieser letzte existierende propagandistische, sagen wir Sowjet- und Russenhaß verschwinden. Ich glaube, daß die Stimmung, reden wir von so einem vagen Ding, nicht antisowjetisch und schon gar nicht anti-russisch ist. Da hat natürlich auch zum großen Teil die russische und sowjetische Literatur mitgewirkt. Es gibt ein Hindernis gegen die völlige Klärung der Sache, das ist eben die Existenz der DDR. Was dort passiert, sagt man, daran sind die Russen, sind die Sowjets schuld. Ich glaube, daß die Schuld der dort installierten deutschen Bürokratie viel größer ist, als wir meinen. Es gibt inzwischen schon ein Einwirken der wirtschaftlich relativ und damit auch politisch starken DDR auf die sowjetischen Maßnahmen, bestimmt kulturpolitisch, ich möchte das betonen, zum Beispiel was da mit den Schriftstellern jetzt passiert. Ein wiedervereinigtes Deutschland, oder sagen wir, ein geeintes, würde die letzten Reste der Vorurteile gegen die Russen möglicherweise völlig aus dem Weg räumen. Und es müßte im Interesse der Sowjetunion liegen, diesen Zustand herbeizuführen. Denn im Grunde genommen ist ja die Verständigung, die intellektuelle auch, zwischen der Bundesrepublik und der Sowjetunion größer, wenn ich das richtig einschätze, als mit der DDR.

Klaus Bednarz: Manchmal ja.

Heinrich Böll: Ich möchte meinen Kollegen in der DDR nicht Unrecht tun. Ich glaube, daß die Annäherung von uns aus, weil sie gar nicht propagandistisch begründet ist, intensiver ist. Für mich war folgendes überraschend: Als ich zum erstenmal in die Sowjetunion kam nach dem Krieg, zum erstenmal nach Polen 1956, hab' ich Bammel gehabt, muß ich sagen. Ich dachte: Mein Gott, du kommst dahin als ehemaliger Angehöriger der deutschen Wehrmacht, nicht besser als jeder andere deutsche Soldat. Das wird sehr unangenehm werden. Und es war nicht so. Das war in Polen 1956 schon für mich das überraschende, wenn ich durch Warschau spazierengegangen bin und die Leute mich manchmal ansprachen, daß ich keinen Haß gespürt habe, keinen Haß gegen die Deutschen da. Auch in Moskau. Hier war es nicht ganz so, wir haben damals, 1962, hier im Schriftstellerverband, öffentlich sehr heftige Diskussionen gehabt. Weil wir, ich sage wir, weil wir drei Autoren waren und öffentlich diskutierten, plötzlich dieses pauschale Schwarz-Weiß-Urteil über die Deutschen immer wieder zu spüren bekamen, von bestimmten Leuten, nicht vom Auditorium. Da war viel Sympathie...

Lew Kopelew: Das kann ich bezeugen.

Heinrich Böll: ...viel Verständigung auch. Man hat sich einiges klar machen können, es waren sehr heftige Diskussionen. Du erinnerst Dich? Ich bin auch sehr wütend geworden, weil ich Vorurteile hasse. Auch gegen die Deutschen. Und ich glaube, daß sich das ganz bereinigen ließe. Ein anderer Aspekt ist dieser militärische...

Klaus Bednarz: Wir sprechen über die Psychologie. Sie sagten, daß da bei uns doch in manchen Bereichen der Geschichte kein Aufarbeitungsprozeß vollzogen worden ist, der differenziert zwischen Ursache, Wirkung usw. Herr Kopelew, gibt es aber nicht etwas ähnliches auch in der sowjetischen Gesellschaft, im sowjetischen System heute. In diesem Jahr wäre Stalin 100 Jahre alt geworden. Ist eigentlich die stalinistische Vergangenheit in der Sowjetunion aufgearbeitet, bewältigt worden? Und was ist von Stalin übriggeblieben in der heutigen Gesellschaft?

Lew Kopelew: Leider, meines Erachtens, viel zu viel. Obwohl, was man heute Stalin-Bild nennen kann, ist nicht mit dem zu vergleichen, was vor zwanzig oder fünfundzwanzig Jahren ein Stalin-Bild war. Es gibt verschiedene Stalin-Bilder. Es gibt eine Jugend, die ihn überhaupt nicht mehr kennt. Ich habe zum Beispiel von jungen Menschen, von siebzehn- bis achtzehnjährigen plötzlich mal gehört: »Na, na, was hat den Stalin schon so Schlimmes gemacht; er hat ein paar Dutzend irgendwelcher Gegner umgelegt.« Auch da trifft man eine absolute Unkenntnis. Bei den Menschen meiner Generation ist es das Erlebnis eines, na ja, verratenen Glaubens, in Bezug auf Stalin. Das war so einschneidend, daß es sich bei manchen zu absolutem Haß und Widerwillen und Verachtung steigerte. Andererseits gibt es Stalin-Mythen, verschiedene. In Georgien gibt es einen nationalen Stalin-Mythos, der nichts mit Sozialismus, Kommunismus, Marxismus zu tun hat. Das ist selbstverständlich. Es gibt hier in Rußland auch zwei Arten von Stalin-Mythen. Es gibt einen, na ja, kommunistisch darf man ihn nur in Anführungszeichen nennen, einen sozusagen kommunistischen Stalin-Mythos, er wäre doch ein Marxist gewesen, er hätte da Fehler gemacht, aber doch manches gut gemacht. Also wie man bei Euch von den Autobahnen sagt, daß Hitler sie doch gebaut hat. Und es gibt einen chauvinistischen Stalin-Mythos. Er wäre der große Verfechter des neuen großrussischen Reiches. Es gibt verschiedene Stalin-Mythen. Wir stark die sind? Na ja, Sie kennen ja unsere Bedingungen. Nur ein Beispiel kann ich aufführen. In einem Auditorium von jungen Menschen gab es eine Diskussion über Stalin, die ich zufällig erlebt habe. Da war der Älteste, glaube ich, einundzwanzig oder zweiundzwanzig Jahre, der Jüngste 18 Jahre alt. Einer trat auf und sagte, na ja, was schimpfen die immer auf Stalin, der war doch ein richtiger Marxist und Revolutionär, er hat auch die Theorie entwickelt usw. – Sieben sind über ihn hergefallen, und wie. Und dann eine junge Dame, ein Mädchen, sagte, na, seid doch nicht so wütend, es war schon etwas Gutes dran, es war auch was Schlechtes dran. Und nachher die, die am heftigsten den ersten angegriffen haben, die ihn zum Teil überzeugt haben: Der ist nicht so gefährlich. Diese Versöhnlerin ist viel gefährlicher, die wird sich anpassen.

Klaus Bednarz: Kann ein Stalin wiederkommen bei Ihnen?

Lew Kopelew: Nein, das glaube ich nicht. Da muß ich dem alten Heraklit zustimmen: Man kann nie zweimal in den selben Fluß wieder eintauchen. Aber ich bin kein Prophet.

Klaus Bednarz: Sie sagten vorhin in einem Nebensatz, Herr Kopelew, Sie seien kein Kommunist mehr. Warum eigentlich nicht mehr?

Lew Kopelew: Warum eigentlich nicht? Ich glaube, Kommunismus ist eine Utopie. Denn was ich erlebt habe als Kommunist unter verschiedenen Bedingungen, in der Freiheit und im Kriege und im Lager und nach dem Lager, wieder in der Freiheit, als Literat und, ja, als Pädagoge, das hat mich überzeugt, daß der Kommunismus, wie ich ihn mir vorgestellt habe, nach Thomas Morus und Karl Marx und Lenin, ein Utopie ist, die weder wirtschaftlich noch sozialpsychologisch verwirklichbar ist... Ich glaube, so, wie wir uns das vorgestellt hatten, daß die ganze Welt ein blühender Garten sein würde, das ist eigentlich derselbe paradiesische Glauben, wie ihn die Menschen in uralter Zeit hatten, das heißt, daß der Löwe und das Schaf beieinanderliegen werden. Wie und was kommen soll, wie es sich verändern wird und was kommen soll, damit die Menschen besser leben, als sie es heute bei uns und bei Euch haben, weiß ich nicht. Ich weiß genau, so glaube ich, was nicht geschehen darf, keine Gewaltanwendung... kein Krieg.

Ich bin kein Kommunist mehr, weil ich mich überhaupt zu keinem -ismus mehr bekennen möchte. Und wenn ich mein Weltbild, meine Weltanschauung kurz definieren möchte, so muß ich mich gerade jetzt auf Heinrich Böll berufen. In seinem Nachwort zu meinem Buch hat er mir mich selbst besser erklärt, als ich es mir früher vorstellen konnte, als er den Begriff »Religion der Brüderlichkeit« prägte. Ja, von den drei großen Idealen des 19. Jahrhunderts, den Idealen der Französischen Revolution, Freiheit, Gleichheit und Brüderlichkeit, sind die ersten zwei ziemlich in Mißkredit geraten in den letzten, in den nachfolgenden Jahrzehnten und Jahrhunderten. Freiheit ist nirgendwo richtig da und ist auch nicht richtig verwirklicht worden. Man wird entweder von einem totalitären Staat oder von einem Polizei-Staat oder von den wirtschaftlichen Bedingungen in seiner Freiheit beschränkt.

Klaus Bednarz: Was für ein Staat ist denn die Sowjetunion?

Lew Kopelew: Sie war früher ein totalitärer Staat, heute ist sie nicht mehr totalitär, das ist ein staatskapitalistischer, möchte ich sagen, zum Teil Polizei-, zum Teil Wirtschafts-, Verwaltungs-Staat, zum Teil anarchistisch sogar. Ich glaube nicht, daß wir ein totalitärer Staat sind, wie wir es vor 25 Jahren waren. Denn es gibt keine totale Ideologie mehr. Auch der Machtapparat ist nicht mehr so allumfassend und durchgreifend, wie er zu Stalins Zeiten war. Es ist ein Macht-, es ist ein totalitärer Staat in der Auflösung, so möchte ich vielleicht sagen. Aber in einer Auflösung, die sehr lange dauern kann.

Klaus Bednarz: Sie möchten aber mit dieser Ideologie, die offiziell die Staatsideologie der Sowjetunion ist, nichts mehr zu tun haben, weil Sie von der Entwicklung enttäuscht sind?

Lew Kopelew: Auch deshalb, weil diese offizielle Staatsideologie immer nur eine Papierideologie ist, die nur Lippenbekenntnis ist, die in der Wirklichkeit keine Wirkung mehr hat, die auch keine richtigen Adepten mehr hat. Aber lassen Sie mich zu Ende sprechen von meinen Idealen. Also mit der Freiheit sind wir uns eigentlich im klaren, nicht? Es gibt keine richtige Freiheit, und um eine Freiheit zu gestalten, dazu braucht man viele Menschen, dazu braucht man Staaten, Parteien, ich meine, große Massen. Ebenso mit der Gleichheit. Da brauche ich nicht zu argumentieren. Aber Brüderlichkeit, das kann sich ein einzelner Mensch leisten. Heute ebenso wie zu Zeiten der Bergpredigt, nicht? Also Religion der Brüderlichkeit, der Menschlichkeit, als Bruder aller Menschen kann sich jeder einzelne fühlen. Und das widerspricht nicht einem normalen Nationalgefühl. Ja, ich bin gegen einen antinationalen Kommunismus, wie ich ihn selbst glaubte und predigte vor Jahren, denn das ist eine Unmöglichkeit. Nationen dürfen nicht verschwinden.

Klaus Bednarz: Aber wenn Sie in einem so tiefen Widerspruch zum derzeit herrschenden System in der Sowjetunion stehen, warum legen Sie dann so viel Wert darauf, nicht als Dissident bezeichnet zu werden?

Lew Kopelew: So viel Wert lege ich nicht darauf. Aber wenn man »Dissident« als eine organisierte Bewegung oder als irgendeine kollektivistische Erscheinung betrachtet, dann widerspreche ich. Ich will zu keiner Partei mehr gehören. Ich bin nicht Dissident, weil man Dissidenten als eine Partei auffaßt oder als eine Bewegung. Ich bin eben ein Einzeldenker. Ich habe nur ein Programm heute, das ist das Programm, das mir mein Gewissen diktiert.

Klaus Bednarz: Und welches sind Ihre Waffen, um dieses Programm durchzusetzen?

Lew Kopelew: Das Wort, nur das Wort. Und nur die Wahrheit.

Klaus Bednarz: Und Sie glauben an die Wirksamkeit des Wortes?

Lew Kopelew: Ich möchte daran glauben. Ich kenne keine andere Waffe.

Klaus Bednarz: Auch in Ihrem Land?

Lew Kopelew: Auch in meinem Land. Ich glaube, was man eben braucht, in unserem Land vielleicht noch mehr als anderswo, denn Ihr habt darin Tradition, ist Toleranz. Ein friedliches Nebeneinander unterschiedlicher Meinungen, Achtung für die Meinung eines Andersdenkenden, was Rosa Luxemburg sehr schön gesagt hat. Die Freiheit ist immer die Freiheit eines Andersdenkenden. Ich bin kein Kommunist, aber auch kein Anti-Kommunist. Ich bin kein Marxist, aber auch kein Anti-Marxist.

Klaus Bednarz: Herr Böll, was Lew Kopelew gerade sagt, was unser System, wie er meint, auszeichnet, die Toleranz, die Freiheit gegenüber dem Andersdenkenden: Wenn ich mir Ihr letztes, gerade erschienenes Buch* anschaue, dann habe ich das Gefühl, daß auch Sie meinen, unsere Gesellschaft, unser demokratischer Ansatz, den wir nach dem Krieg gemacht haben, ist eigentlich auf dem besten Wege, deformiert zu werden. Sie schreiben: »Die Angst ist in unserer Gesellchaft zu einer Einrichtung geworden, es wird immer mehr bei uns die Intoleranz gegenüber dem Andersdenkenden das Normale«. Ist das nicht eine gewisse Parallelität der Pervertierung eines Systems, das einmal unter sehr idealistischen Vorstellungen 1917 begann? Ist das nicht irgendwo eine Parallelentwicklung, die etwas Erschreckendes, Beängstigendes hat?

Heinrich Böll: Ich möchte zunächst zurückweisen: Ich habe nicht von installierter Intoleranz gesprochen. Angst ja. Und im Zusammenhang mit der Angst die Sicherheit. Und wenn ich überhaupt ein paar Sachen, ein paar Worte sagen kann zu dem Buch, das Thema und das Problem ist für mich die Sicherheit, physische, metaphysische, irdische, nicht-irdische Sicherheit.

---

* Fürsorgliche Belagerung

Klaus Bednarz: Bedeutet das zugleich Bewachung und Überwachung?

Heinrich Böll: Auf allen Gebieten. – Ja. Die Angst vor der Bedrohung. Und ich möchte unterscheiden zwischen einem totalitären Staat und einem totalen Staat. Die Gefahr, sie ist noch nicht Wirklichkeit bei uns, daß wir ein totaler Staat werden, kein totalitärer Staat. Ich fühle mich auch gar nicht durch Sicherheitsorgane bedroht oder in Angst versetzt. Ich glaube eher, daß das absurde Apparate sind, die Schlimmes anrichten, wenn sie nicht kontrolliert werden und nicht mehr kontrollierbar sind.

Lew Kopelew: Bei Euch sind sie immer noch kontrollierbar.

Heinrich Böll: In einer Demokratie – ja. Aber die Kontrolle entgleitet denen, die die Gesetze machen, immer mehr. Das gibt ja jeder Abgeordnete zu. Und dann wird die Sache wirklich insofern bedenklich, als kein Totalitarismus entsteht, aber Totalität. Da möchte ich unterscheiden. Das ist die Gefahr, die ich sehe. Und sie betrifft ja nur den kleinen Kreis der Bewachten und Überwachten.

Klaus Bednarz: ... der aber immer größer werden kann ...

Heinrich Böll: Ja, der kann sich erweitern, der kann aber auch verringert werden.

Klaus Bednarz: Aber im Moment sieht doch die Tendenz bei uns eher so aus, daß er sich erweitert?

Heinrich Böll: Ich bin nicht sicher. Also, wenn ich mir die Herren angucke, die diese Dienste leiten, glaube ich, daß sie ansprechbar sind und daß sie einsichtig sein könnten, wenn die Leute, die unsere Gesetze machen, unsere Abgeordneten, unser Parlament, energischer wären und diesen drohenden Totalismus erkennen. Ich sehe diese Bedrohung gar nicht so, wie sie in dem Milieu, das ich notwendigerweise erfinden mußte, dargestellt ist – ich mußte ja eine Familie finden, die beides ist: bewacht und überwacht. Normalerweise sind das ja getrennte Milieus.
Aber unterscheiden wir zwischen totalitär und total. Ich sehe überhaupt keine Gefahr irgendeines Faschismus, verstehen Sie? Das ist ganz was anderes, und zum Teil sind's ja internationale Pro-

bleme. Und möglicherweise gibt es Einsichten, möglicherweise werden diese Einsichten, die eigentlich auch die deutsche Gründlichkeit betreffen, wirksam, das ist ja unsere Nationaltugend und unser Laster zugleich. Das wird dann bis ins letzte durchgedacht und organisiert, für mich schlägt es dann in Absurdität um. Nicht immer für den Betroffenen. Es gibt den Weg zurück...

Klaus Bednarz: *...der wie aussehen würde oder aussehen könnte?*

Heinrich Böll: Kontrolle. Einsehen, daß der ganze Aufwand teilweise völlig überflüssig ist, verstehen Sie? Man muß ja auch sehen, welcher Aufwand da betrieben wird. Ich sehe es auch als finanzielles Problem. Was kostet das alles, jeden kleinen Verdächtigen tagelang zu überwachen, zu verfolgen, mit Auto oder ohne, auch da müßte angesetzt werden, einfach auch im Materiellen.

Klaus Bednarz: *Herr Kopelew, Herr Böll hofft, daß es für die Entwicklung der bundesdeutschen Gesellschaft doch noch so etwas wie einen Rückweg gibt, bevor wir ganz ins Totale abgleiten. Glauben Sie, daß es für Ihre Gesellschaft auch so eine Art Rückweg geben kann?*

Lew Kopelew: Das wäre die allergrößte Gefahr, ein Rückweg für uns. Einen Rückweg brauchen wir nicht.

Klaus Bednarz: *Ja, das war auch nicht historisch gemeint, aber in Form einer Rückbesinnung auf die Ideale, unter denen dieser Staat ja doch mal angetreten ist.*

Lew Kopelew: Nein, zum zweiten Mal kann man nicht in demselben Fluß baden. Alles fließt, alles ist in Bewegung. Was wir brauchen und was manchmal mehr als lebensnotwendig scheint, ist die Besinnung auf die Vernunft und auf die Menschlichkeit, was ich früher gesagt habe. Das sind nicht nur utopische Phrasen... Wissen Sie, das einzig Gute in der heutigen sehr schlechten Zeit, das einzig Vernünftige in dieser absurden Zeit, in der wir heute leben, nicht nur bei uns im Lande, sondern global gesehen, ist, daß früher die Menschen sehr viele Möglichkeiten hatten. Sie hatten zu wählen zwischen Demokratie und Sozialismus und Anarchie und Kommunismus und Nationalismus. Heute gibt es eigentlich nur ein

Dilemma: Entweder werden die Menschen allgemein, in Europa und in Asien, vernünftiger, als sie sind, und menschlicher, als sie sind, oder es kommt die große Katastrophe, nach der überhaupt nichts mehr auf Erden bleibt. Also, daß man zur Vernunft kommen kann und muß, daran glaube ich. In welchen politischen Formen sich diese Vernunft nun äußern wird, ob es eine bürgerliche Demokratie oder eine sozialistische Demokratie sein wird, oder vielleicht eine demokratische Monarchie, wie in England oder Schweden, das ist mir egal. Ich glaube, jedes Land kann's auf seine eigene Weise, jeder soll nach seiner eigenen Fasson selig werden, wie der »Alte Fritz« sagte. Aber im großen und ganzen müssen wir zu Vernunft kommen, zum Begriff der Brüderlichkeit der Menschen, sonst sind wir alle, na ja, beinahe fällt mir ein unanständiger Ausdruck ein. Sonst sind wir alle verloren.

Klaus Bednarz: Sagen Sie es ruhig auf gut deutsch. Herr Böll, Herr Kopelew, Sie sind beide Schriftsteller. Sie beide, davon gehe ich aus, glauben an die Wirkung des Wortes, sonst würden Sie sich nicht damit befassen. Sie haben einen Großteil Ihrer Arbeit der Problematik unserer beiden Völker gewidmet, der Normalisierung im weitesten Sinne, das Schaffen von Verständnis zwischen Russen und Deutschen. Sie können in dieser Hinsicht beide auf ein Lebenswerk zurückblicken. Dennoch, Herr Kopelew, was meinen Sie, bleibt Ihnen noch zu tun, was glauben Sie, ist für Sie das Wichtigste, das Sie noch tun möchten und müssen?

Lew Kopelew: Was ich Ihnen im voraus sagen möchte, aber Sie setzen mich mit Herrn Böll ganz falsch gleich. Er ist ein Schriftsteller, ein Dichter, und ich bin ein Berichterstatter. – Das ist ebenso, wie man sagt, Metallarbeiter...

Heinrich Böll: Autor. – Das ist ein weiter Begriff, aber er deckt uns beide.

Lew Kopelew: Was ich als meine Pflicht empfinde und als Sinn und Ziel meines Lebens, ist eben womöglich mehr Wahrheit zu sagen, zu schreiben, und womöglich deutlicher, das, was ich als Wahrheit kenne und empfinde, den Menschen, zu denen ich sprechen kann im gedruckten, geschriebenen oder im gesprochenen Worte, beizubringen. Das empfinde ich als eine persönliche Pflicht. Ich bin schon zu alt, um neuen Programmen nachzulaufen, um an ein Parteiprogramm zu glauben.

Klaus Bednarz: Haben Sie in diesem Land Sowjetunion dazu die Möglichkeit, dieser Ihrer Pflicht nachzukommen?

Lew Kopelew: Sehr wenig Möglichkeit, leider. Die »Samisdad« hat eine begrenzte Leserzahl.

Klaus Bednarz: Die Untergrundzeitung.

Lew Kopelew: Aber das sind immer noch mehr Möglichkeiten, als es vor 20 Jahren, ich betone, nicht nur vor '53, sondern sogar vor '62, waren. Es gibt doch immer mehr Möglichkeiten.

Heinrich Böll: Ich möchte widersprechen. Man weiß ja nie, ich muß da »man« sagen, was man als Autor schreibend, sprechend usw. anrichtet, positiv und negativ. Ich glaube, daß Lew Kopelew seine Möglichkeiten unterschätzt. Vielleicht kann man das auch selber gar nicht erkennen. So viele Menschen treffen, mit so vielen Menschen sprechen, so vielen Menschen erklären, was du machst, klar, und schreiben auch. Die Wirkung ist unkontrollierbar, du kannst gar nicht wissen, was du anrichtest in dem und jenem, was man in Bewegung setzt. Das soll kein Trost sein, vielleicht sogar das Gegenteil. Aber du richtest mehr an, als du glaubst, dadurch, daß du da bist.

Lew Kopelew: Auch Schlechtes.

Heinrich Böll: Vielleicht, ich weiß es nicht, aber mehr Gutes, glaube ich, innerhalb dieses Landes oder dieses Staates. Wenn Sie sich vorstellen, wen Lew Kopelew alles an Ausländern, Inländern trifft, mit wem er redet, wem er erklärt, zur Vernunft zu bringen versucht in jeder Weise. Deshalb widerspreche ich. Ich widerspreche der Vorstellung der Wirkungslosigkeit. Das betrifft jeden, der irgendwo in der Welt sitzt und so agiert wie er.

Klaus Bednarz: Herr Böll, daraus spricht im Grund eine sehr kämpferische Einstellung. Was meinen Sie, ist für Sie noch zu tun, als Wichtigstes geblieben, nachdem Sie auf ein Lebenswerk zurückblicken können?

Heinrich Böll: Ich glaube an die Wirkung des Wortes. Ich hab ja die Wirkung der Worte anderer an mir selbst erfahren, in allen

Ausdrucksformen, die das Wort hat, im Journalismus, in der Poesie, in der Prosa. Ich erfahre selber die Wirkung, die ich möglicherweise habe, sowohl positiv wie negativ, also in der Gegnerschaft, das ist eine wichtige Wirkung, man muß ja wissen, wo man lebt, verstehen Sie? Und ich würde einfach weiterschreiben. Das ist für mich ein lebenswichtiger Prozeß, schreiben. Und solange ich noch Kraft und Mut habe, ich habe im Moment beides, werde ich weiter auf das Wort vertrauen. Ich möchte noch etwas hinzufügen über Sicherheit, totalen Staat, nicht totalitären: Die Politiker in der ganzen Welt sind ja Sicherheitsgefangene. Sie leben eigentlich in Festungen, alle. Und da gehen einfach der Blick, der Geruch, das Gehör für die Wirklichkeit verloren. Das wird immer abstrakter. Es kann ja keiner, Herr Schmidt oder Herr Carter oder wer immer, sagen wir, normal über die Straße gehen, sich eine Zeitung kaufen und Zigaretten: Die sind alle gefangen. Wenn sie nur wüßten, daß sie gefangen sind und daß es außerhalb ihrer Festungen Wirklichkeiten gibt.

Klaus Bednarz: Herr Böll, Sie haben die Möglichkeit, all dies zu sagen mit einer unmittelbaren, wie es Lew Kopelew formulierte,

Der Feind ist fort, Smolensk im Herbst 1944

Rückwirkung in Ihrem eigenen Land. Lew Kopelew hat diese Möglichkeit nicht oder nur sehr begrenzt.

Lew Kopelew: Ein tausendstel, ein tausendstel.

Klaus Bednarz: Herr Kopelew, haben Sie mal daran gedacht, Ihr Land zu verlassen?

Lew Kopelew: Nein. Verlassen nicht. Reisen möchte ich sehr gerne. Ich brauche es einfach. Beinahe lebensnotwendig. Ausreisen will ich nicht.

Klaus Bednarz: Warum nicht?

Lew Kopelew: Weil das hier mein Land ist. Da kommen wir wieder dahin zurück, wie wir begonnen haben. Ich bin doch Russe. Wenn meine Eltern Deutsche wären oder Franzosen oder Engländer, weiß Gott, wer noch, hätte ich ohne weiteres gesagt: Ich emigriere. Aber ich bin Russe. Weil meine Ahnen eben zu dieser sonderbar auserwählten ethnischen Minderheit gehörten, muß ich noch diese Klausel anfügen. Aber ich bin Russe, und Rußland ist mein Land, und russisch ist meine Sprache. Und russische Geschichte ist meine Geschichte. Und russische Tragik ist meine Tragik. Ich kann's anders nicht. Es wäre für mich ein großes Unglück, ausgebürgert zu werden, verstehen Sie mich?

Klaus Bednarz: Herr Böll, Sie wirken im Moment sehr kämpferisch, Sie wirken aber auch manchmal in Ihren Werken ein bißchen resignierend. Haben Sie schon mal an Emigration gedacht?

Heinrich Böll: Nein, nicht im Traum, nicht im Traum. Ich könnte sehr schwer außerhalb Deutschlands leben. Die Vorstellung erweckt in mir Schmerz, auch Wehmut. Und die Bundesrepublik Deutschland ist das Land, in dem ich leben möchte. Ich schreibe deutsch, ich spreche deutsch, ich denke möglicherweise sogar deutsch. Nicht im Traum hab' ich daran gedacht auszuwandern. Ich hab' zeitweise ein bißchen die Nerven verloren, wenn manche Polemiken mir zu überdimensional erschienen. Und dann bin ich ins Ausland gegangen, hab' da gearbeitet. Ich bin oft ein Jahr weggewesen, aber es hat mit Emigration gar nichts zu tun.

Die meisten Menschen emigrieren aus ökonomischen oder politischen Gründen, immer mehr politischen. Im 19. Jahrhundert

Ein Flugblatt von Lew Kopelew

sind viele Menschen vor dem preußischen Militarismus emigriert. Oder sie konnten nicht leben. Und ich finde, Emigration ist ein so ernster Vorgang, daß ich niemals mit dem Gedanken spielen würde, verstehen Sie? Wenn ich mir ansehe, welches bittere Schicksal meine zum größten Teil verstorbenen Kollegen, Schriftsteller, die vor den Nazis emigrieren mußten, gehabt haben, ganz gleich, ob sie als Kommunisten nach Moskau gingen oder als Bourgeois nach Zürich oder New York, möchte ich nicht andeutungsweise mit Emigration kokettieren. Ich bin Deutscher, ich schreibe deutsch, ich wiederhole das, ich möchte in Deutschland leben. Wenn ich an Leib und Leben gefährdet wäre oder würde, müßte ich's überlegen. Aber ich sehe diese Gefahr nicht. Ich sehe auch keine böse politische Entwicklung in der Bundesrepublik, wie immer die nächsten Wahlen ausfallen mögen,...

Klaus Bednarz: *Wie immer die Wahlen ausfallen mögen?*

Heinrich Böll: Ja, wie immer, die mich in diese Lage bringen würden. Es wird Ärger geben, es wird immer Feindschaft geben, auch Feindseligkeit, ich kann drauf verzichten. Aber niemals kann ich mir vorstellen, daß ein Motiv für Emigration entstehen könnte, wie es für unsere Kollegen 1933 bestand. Die mußten weg. Die wären umgebracht worden. Ich glaube nicht, daß es soweit kommen wird. Was andere Menschen, nicht Autoren, junge Leute, für die das ja überhaupt nicht mehr so wichtig ist, welcher Nation sie angehören – es ist ja eine ganz neue Entwicklung im Gange –, was die machen werden nach einer bestimmten poltischen Entwicklung, weiß ich nicht, das muß ich ihnen überlassen. Ich diffamiere niemand, der emigriert, aber ich möchte nicht emigrieren.

Klaus Bednarz: *Herr Kopelew...?*

Lew Kopelew: Jetzt sind wir bei dem Thema, wo man am schwersten vergleichen kann. Ich kann Herrn Böll und seine Kollegen im Westen nur darum beneiden, um die Möglichkeiten, die sie haben, sich zu äußern. Diese Möglichkeiten haben wir nicht.

Heinrich Böll: Auch Reisen.

Lew Kopelew: Auch Reisen.

Heinrich Böll: Das ist sehr wichtig.

Lew Kopelew: Sehr wichtig, ja. Anna Achmatowa hat oft gesagt: »Uns ist die Welt gestohlen worden, die ganze Welt.« Aber das Problem Emigration ist bei uns auch etwas anderes, viel tragischer als drüben. Es gab die erste große Emigration nach der Revolution. Da gingen die Menschen kämpfend, geschlagen oder ausgewiesen. Das war eine Emigration von kämpfenden Gegnern, nicht? Manche hofften, auch bald zurückzukehren. Dann kam die zweite Emigrationswelle des Zweiten Weltkrieges, das war meistenteils die Emigration der unglücklichen Menschen, durch Umstände zur Emigration gezwungen. Die verschleppt waren oder sich anwerben ließen und die nicht mehr zurück wollten. Diese neue, dritte nachrevolutionäre Emigration – denn es gab auch vorrevolutionäre Emigranten –, diese dritte Welle der Emigration, die ist für mich sehr tragisch. Jedem einzelnen, der gezwungen oder freiwillig hinauswill, gönne ich Freiheit und besseres Leben dort und will keinen verurteilen und keinen, ja auch keinen irgendwie beschuldigen. Aber Emigration als Ereignis ist eine tragische Erscheinung, nicht so schlimm vielleicht, bestimmt nicht so schlimm, wie es die Hungersnot von '33 war oder der große Terror der dreißiger Jahre. Nicht so schlimm wie der Krieg, aber immer noch. Es ist ein sehr schlimmes Ereignis. Und für mich, ja Gott, kommt deswegen eine Emigration ohne weiteres nicht in Frage. Gerne möchte ich reisen, und nach Deutschland will ich.

Heinrich Böll: Das ist natürlich der entscheidende Unterschied. Nicht nur die politische Situation ist bei uns anders, das ist vorausgesetzt. Aber die Möglichkeit zum Reisen zu haben, gar nicht im Sinne von Tourismus, sondern einfach mal wegzukönnen. Und, ich glaube, was unsere sowjetischen Freunde und Kollegen betrifft, manch einer, wenn er hätte reisen können, und hätte Westeuropa oder die westliche Welt erlebt, der wäre nie emigriert. Ich glaube, das hört sich jetzt anmaßend an, daß die sowjetische Regierung oder die Leute, die das entscheiden, einen großen Fehler machen, wenn sie das Reisen zu einem Privileg für brave Bürger machen oder Funktionäre, die nichts nach Hause bringen, auch keine Eindrücke. Wenn ein Schriftsteller, ein Intellektueller, ein Autor reisen könnte und hätte die Möglichkeit, ein paar Monate die sogenannte westliche Welt zu sehen, würde er wahrscheinlich nie an Emigration denken. So werden die Menschen reingeworfen in eine für sie fremde Welt, sind verwirrt in jeder Beziehung. Ich möchte den Unterschied betonen, wir können, wenn es uns ungemütlich wird, ein bißchen politisch Rechtshackerei entsteht, ein paar Wochen wegfahren, dann ist das vorbei. Das ist ein großer Unterschied. Wir sind nicht isoliert. Und auch nicht isolierbar, das ist sehr wichtig. Ganz unabhängig davon, daß unsere politischen Verhältnisse andere sind, unser Medien doch pluralistisch.

Lew Kopelew: Aber daß schon dieses Gespräch möglich ist, das wäre noch vor 20 oder gar vor 15 Jahren auch etwas Undenkbares gewesen. Das bringt Kraft zum Weiterleben und zum Weiterarbeiten, zum Weiterschreiben, bestimmt, das möchte ich gerne betonen, auch Ihnen dafür danken.

Klaus Bednarz: Ich glaube, daß ich dann in vielleicht unser aller dreier Sinn spreche, wenn ich hoffe, daß wir die nächste Runde dieses Gespräches am liebsten in Köln führen würden.

Lew Kopelew: Nur, daß ich die Rückfahrkarte dabei habe.

Klaus Bednarz: Unbedingt.

Heinrich Böll: Reisen, ja, ich würde Lew Kopelew gern Westeuropa zeigen mit all seinen Herrlichkeiten und all seinen Schrecken, damit er's sieht. Man muß ja sehen können. Und dann wieder zurück in die Sowjetunion.

Klaus Bednarz: Das würden Sie so wollen?

Lew Kopelew: Oh, bestimmt. Ich muß ja ein Buch zu Ende schreiben, das ich schon seit Jahren begonnen habe, »Das Rußland-Bild in der deutschen Literatur«.

Klaus Bednarz: Dann sollten Sie reisen.

Lew Kopelew: Dazu muß ich reisen. Wenn nicht, dann bleibt das Buch ungeschrieben, schreibt's jemand anderer.

Klaus Bednarz: Vielen Dank.

Zweiter Teil

Herr Böll, Herr Kopelew, das Wort Frontpropaganda und im weiteren Sinne jede Art von Propaganda hat den Beigeschmack von Schwindel, von Übertreibung, von bewußter Täuschung. Herr Kopelew, was dachten Sie selbst über den Inhalt der vielen Flugblätter, von denen wir im Dokumentarteil nur einen Bruchteil wiedergeben können, die Sie selbst verfaßten?

Lew Kopelew: Die Flugblätter, die ich selbst verfaßte, da war ich darum besorgt, daß da, wo möglich, viel Wahrheit drin steht. Gefälscht habe ich nie.

Das heißt also, um nochmal nachzufragen: Das, was wir an Flugblättern veröffentlichen, ist authentisch?

Lew Kopelew: Ja, die Flugblätter, die an der Front gemacht wurden, sind bestimmt authentisch. Aber in den TASS-Mitteilungen, besonders in den ersten Kriegswochen – deutsch übersetzt und als Flugblätter verwendet –, da gab es ziemlich viel Phantasie. Besonders die Verlustzahlen der Wehrmacht waren übertrieben.

Aber Sie würden auch heute vom Inhalt dieser Flugblätter nicht sagen: Da möchte ich etwas zurücknehmen?

Lew Kopelew: Nein.

Wenn der Historiker vierzig Jahre nach der Verfertigung dieser Flugblätter den Inhalt auf seinen Wahrheitsgehalt zu prüfen beginnt und auch die dort ausgesprochenen Prognosen prüft, dann ist er verblüfft darüber, daß ein hoher Prozentsatz der dortigen Aussagen wahr war und wahr ist. Aber es gab sicher auch bewußte Übertreibungen, die mir aufgefallen sind, zum Beispiel hinsichtlich der Zahl der deutschen Gefallenen und der Deutschen, die in Gefangenschaft gerieten. Herr Kopelew, können Sie meine Meinung bestätigen, oder würden Sie ihr widersprechen?

Lew Kopelew: Nein, hier kann ich es nur bestätigen.

Das ist aber sicher eine Erscheinung auf beiden Seiten, die Zahl der Gefangenen, die Zahl der Gefallenen zu unter- bzw. zu übertrei-

Lew Kopelew während des Gespräches im April 1981

ben, was die andere Seite anbelangt. Was mir natürlich besonders aufgefallen ist, ist diese Prognose: Der Zusammenbruch des »Dritten Reiches« wird sowohl für 1941, 1942 und 1943 in den Flugblättern vorausgesagt. Was dachten Sie eigentlich selbst darüber? Waren Sie auch der Meinung, daß das Reich oder die Wehrmacht zu diesem Zeitpunkt schon zusammenbrechen würden?

Lew Kopelew: Eine Zeitlang glaubten wir daran und komischerweise eben in den ersten Kriegsmonaten, wo es bei uns am schlimmsten ausgesehen hat. Ich habe Ihnen, glaube ich, darüber erzählt. Ich weiß, ich kann mich noch sehr gut erinnern an eine Diskussion im August oder September 1941 in den Sümpfen bei Nowgorod, kurz nachdem wir Nowgorod aufgegeben hatten. Es war eine heftige Diskussion bei uns, wo die meisten sagten: »Na ja, im November beginnt unser Gegenangriff, und bestimmt zu Neujahr sind wir schon in Deutschland.«

Neujahr 1942?

Lew Kopelew: Ja. Und ich war einer der wenigen, der sagte: »Nein, es muß mindestens noch ein Jahr dauern, das ist doch ein gewaltiger Aufwand an Kriegsmaterial, das geht nicht so leicht.« Und wir wurden als Pessimisten betrachtet. Also, die Prognosen lauteten so. Besonders als Stalin am 7. November 1941 noch dieses »ein Jährchen« erwähnte. Er sagte es ja selbst so: »In einem halben Jahr, vielleicht in einem Jährchen«, in diesem Diminutiv sagte er es. Und wir waren damals noch gewohnt, Stalin zu glauben.

Obwohl ja das wirkliche Kriegsgeschehen 1941 vielmehr für die These sprach, daß es wirklich nicht so einfach würde, diese Wehrmacht zu besiegen?

Lew Kopelew: Man glaubt immer am Anfang eines Krieges: Das ist bald zu Ende. Das ist ja dieses Wunschdenken.

Heinrich Böll: Ja, natürlich. Es gab ja im Ersten Weltkrieg auch die Parole: »Wir sind Weihnachten wieder zu Hause.« Das scheint also fast zur Kriegsvorbereitungspsychologie zu gehören: »Es dauert nicht lange!«

1941, in den ersten Monaten, sah es ja auch so aus. In den ersten Wochen stieß die deutsche Armee bis zu fünfhundert Kilometer vor, und es sah auch fast so aus, als ob der Krieg 1941 zu Ende sei.

Lew Kopelew: Aber sehen Sie, wir wußten, daß an der Front ziemllch wenig von der Armee war. Wir glaubten nicht diese Millionenzahlen der Gefangenen, die bei den Wehrmachtsberichten angeführt wurden. Und wir wußten auch, daß eigentlich noch nichts mobilisiert war und hofften immer auf die Soldaten, die noch kommen sollten. Wenn die sibirischen Divisionen erst zum Einsatz kommen würden, glaubten wir, daß es bald enden müßte.

Heinrich Böll: Also vergleichbar mit dem deutschen Glauben an die Wunderwaffe. Als die »Kriegslage«, wie man das nennt, absolut hoffnungslos war, kam der Glaube an die Wunderwaffe, und ich habe noch im Gefangenenlager, April 1945, diesen Glauben vorgefunden. Als die Amerikaner und die Russen sich schon an der Elbe vereinigt hatten und jeder Quadratmeter deutschen Bodens besetzt war, gab es noch welche, die glaubten an die Wunderwaffe!

Ich habe hier noch direkt eine Frage an Sie, Herr Böll. Wünschten Sie eigentlich damals den Sieg Hitlers, wünschten Sie seine Niederlage, oder haben Sie sich diese Frage damals ernsthaft nie vorgelegt?

Heinrich Böll: Doch.

Wie war Ihre persönliche Meinung dazu?

Heinrich Böll: Wenn ich sage »wir«, meine Freunde und meine Familie, wir wollten die Niederlage. Ein Sieg der Nazis, so nannten wir sie und das waren sie ja auch, erweckte fürchterliche Vorstellungen.

Sowjetischer Kriegsgefangener beim Mittagessen im Arbeitslager Rowno 1942

Das heißt also, ein Sieg der Nazis war in Ihrer Vorstellung viel schlimmer als eine Niederlage, wo Sie auch nicht genau wußten, was wird denn nun nach der Niederlage?

Heinrich Böll: Eine Vorstellung von der politischen und auch geographischen Neukonzeption nach dem Krieg hatten wir überhaupt nicht, die konnte man auch nicht haben, weil man ja nicht wußte, was überall angerichtet worden war. Aber wir wünschten die Niederlage, und zwar heftig. Wir waren auch davon überzeugt bis 1940. Das war das Jahr der großen Siege, die ja im Grunde auch Bluff-Siege waren, wie sich später herausstellte, denn die deutsche Armee hat ja Frankreich 1944 genauso schnell geräumt, wie sie es 1940 erobert hatte. Das vergißt man. Es waren auch nur Wochen vom Beginn der Invasion bis zum Erreichen der deutschen Grenze. Was am Jahr 1940 noch schlimm war, für uns, für mich: (Ich muß das beschränken auf ein paar Leute, die die Niederlage herbeiwünschten, wobei zu bemerken ist, daß es natürlich eine merkwürdige psychologische Situation ist, wenn sie Soldat in einer Armee sind, der sie die Niederlage wünschen.) Dieser rauschende Sieg über Frankreich, über den »Erbfeind«, bewirkte, daß viele Freunde, Bekannte, auch gute Freunde, plötzlich einen merkwürdigen Nationalismus in sich entdeckten.

Das habe ich sogar bei meinem eigenen Vater gespürt, der Anti-Nazi war, aber auf den der Sieg über Frankreich – er war Teilnehmer des Ersten Weltkrieges – einen außerordentlich großen Eindruck machte.

Heinrich Böll: Ja, das war ein niederschmetterndes Erlebnis. Bei guten Freunden von mir – uralten Freunden, mit denen ich übereinstimmte in allen politischen Dingen – da kam plötzlich so eine Stimmung: »Ach, jetzt haben wir sie aber.«

Was vier Jahre, 1914–1918, nicht geglückt war.

Heinrich Böll: Ja, ja, natürlich. Paris in der Hand der Deutschen! Einer meiner besten Freunde schrieb mir aus Italien, er war auch in der Armee, eine Karte: »Die deutsche Fahne weht über Paris!« Er schrieb das auf italienisch. Er war ein Anti-Nazi, aber auch er spürte Triumph. Ich erinnere mich. Und das war eigentlich für uns, die die Niederlage sehnlichst und bald herbeiwünschten, das deprimierendste. Dann dieser ganze Segen von Marschallstäben, sie erinnern sich. Wir wünschten also die Niederlage, um es klar auszudrücken.

Eine nächste Frage, Herr Kopelew. Ich habe natürlich auch Flugblätter der deutschen Propaganda gefunden. Leider konnte ich sie nicht lesen, denn sie waren ja in russischer Sprache abgefaßt. Sie lasen sie doch. Sind Ihnen prinzipielle Unterschiede zwischen der deutschen und der sowjetischen Frontpropaganda aufgefallen?

Lew Kopelew: Ja, bestimmt.

Und welche wären das?

Lew Kopelew: Ich muß sagen, die deutsche Frontpropaganda war meistens sehr plump. Zum Beispiel, was uns alle Lachen machte: Es kam ein Flugblatt, in dem sowjetische Kriegsgefangene ihre Kameraden aufforderten, sich der deutschen Wehrmacht zu ergeben, weil es ihnen sehr gut dabei gehen würde, und darunter waren Unterschriften sowjetischer Kriegsgefangener, und ausgerechnet einige jüdische Namen waren dabei. Gescheiter wurde die deutsche Propaganda gegen uns, als die Wlassow-Armee aufgebaut wurde. Aber da war es schon ein bißchen zu spät. Die Wlassow-Propaganda kam 1943 und später noch das sogenannte Prager Komitee zur Befreiung der Völker Rußlands. Da wurde die deutsche Propaganda schon differenzierter. Aber sonst gab es ganz plumpe Aufrufe: »Haut den Juden-Kommissaren in die Fresse! Kommt zu uns rüber!« Es gab Wirkungen in den ersten Wochen bei unseren neumobilisierten Soldaten. Das war das Versprechen, die Kolchose aufzulösen und alle mit Grund und Boden zu versorgen. Das hat manchmal gewirkt. Ich habe es erlebt in unserem Abschnitt, wie jede Nacht Überläufer zu den Deutschen gingen.

Herr Kopelew, wir wissen heute, daß die Erfolge der sowjetischen Frontpropaganda 1941/42, gemessen an dem Aufwand, äußerst gering waren. Was war eigentlich die Ursache dafür? Mußten Sie nicht verzweifeln? Sie haben doch Ihr ganzes Wissen, daß Sie bis dahin erworben hatten, eingesetzt, um durch detaillierte Nachrichten, Informationen, mit Bitten, Beschwörungen, Drohungen, Gedichten und Karikaturen die Frontsoldaten zu bewegen, doch um

Gottes Willen die Waffen niederzulegen, um das Leben zu retten. Wie gering waren Ihre Erfolge? Was würden Sie aus der Erinnerung heute dazu sagen?

Lew Kopelew: Selbstverständlich waren in der Zeit, als der Vormarsch der Wehrmacht noch andauerte, die Erfolge gering. Und doch gab es welche. Obwohl auch nach den ersten Niederlagen der Wehrmacht die Moral der meisten Wehrmachtsoldaten auf dem Niveau blieb, welches das deutsche Kommando brauch-

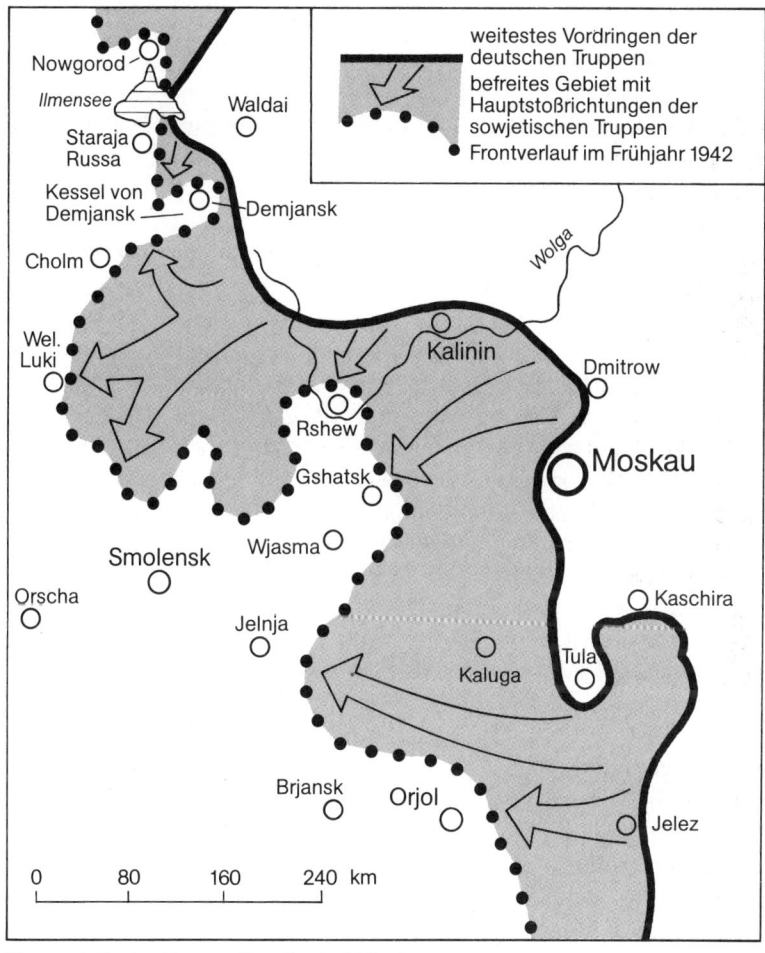

Die sowjetische Gegenoffensive bei Moskau,
Ende 1941 bis Frühjahr 1942

te. Man meckerte, aber man hielt zusammen. Wir haben die moralische Widerstandskraft der Wehrmacht bestimmt unterschätzt. Und dennoch gab es auch Erfolge, es gab vereinzelte Überläufer. Oder auch Gruppen von Soldaten, die sich gefangen nehmen ließen. Das war schon im Winter 41/42. Es war auch im Sommer 42. Aber die Frontpropaganda ist ja auch eine Waffe von der Art, die nicht allein eine Schlacht gewinnen kann. Darüber haben wir uns mit unseren Kameraden von den anderen Waffengattungen gestritten. Wenn uns zum Beispiel ein Ehrenburg-Anbeter vorgeworfen hat: »Vergeblich wollt ihr die Wehrmacht mit Flugblättern zersetzen. Viel mehr wird zersetzt durch Granaten oder durch Bomben!« Da sagten wir: »Eine Schlacht kann nicht allein von Panzern oder allein von der Artillerie gewonnen werden, auch nicht allein von der Luftwaffe, nur in einer 'Zusammenarbeit' aller Waffengattungen. Propaganda ist auch nur eine der Waffengattungen, nur daß es eine 'blutlose' Waffe ist.«

Doch bin ich der Meinung, wenn ich die Flugblätter aufmerksam lese, daß Sie eine andere Vorstellung hatten von dem, was in den Köpfen der deutschen Soldaten darin sein sollte, was aber nicht darin war. Sehen Sie, es gibt eine ganze Reihe von Flugblättern, wo Sie eben auch an Traditionen der Arbeiterbewegung anknüpfen, wo Sie darstellen wollen, wie doch das ganze deutsche Volk in Klassen geteilt ist, und daß wir doch im Grunde genommen als deutsche Soldaten für die Monopole einen Krieg führen. Alles das waren Dinge, die völlig – ich bin als Achtzehnjähriger Soldat geworden, war 1933 zehn Jahre alt – an den Ohren der großen Mehrzahl meiner Kameraden, also meiner Jahrgänge, vorbeigingen. Sie sprachen hier ein politisches Wissen an und eine Tradition, die nicht da war. Und das würde ich eben gerne wissen, ist Ihnen das nicht bewußt geworden, als Sie mit den ersten deutschen Soldaten gesprochen haben?

Lew Kopelew: Es ist wohl vieles davon bewußt geworden. Deswegen griff man dann immer zu anderen Argumenten, zu Einschüchterung oder einfach: Rettet das nackte Leben!

Heinrich Böll: In der Altersklasse, zu der ich gehöre, in den entscheidenden Jahrgängen, die bei Kriegsausbruch zwanzig, einundzwanzig waren, waren das keine Begriffe mehr, verstehen Sie. »Klassenkampf«, »Monopol«. Es wußte überhaupt keiner, was das war. Ich hatte auch keine marxistische Erziehung oder Schulung gehabt. Der Widerstand kam aus anderen Quellen. Bei mir – ich war dreiundzwanzig, vierundzwanzig – hätte ein Wort wie »Monopol« nicht gezündet, verstehst Du. Und was Ihr vergessen habt, das ist kein Vorwurf, sondern nur eine Feststellung, daß die Jahrgänge, die da auftauchten, sechs, sieben, acht Jahre unter Nazipropaganda erzogen worden waren. Wenn sie 1933 zehn waren und kamen mit achtzehn zum Militär, waren sie acht Jahre schon von den Nazis erzogen worden.

Nun kam ich auch aus bürgerlichen Verhältnissen. Also »Arbeiterschaft« und »Klassenkampf« und alles, was vielleicht mit Marxismus im weitesten Sinn hätte zusammenhängen können, war völlig unbekannt für mich.

Heinrich Böll: Es war auch bei den Arbeitern nicht mehr vorhanden. Ich war die ganze Zeit in der Armee mit Arbeitern zusammen, da gab es ein paar alte Sozialdemokraten. Ich habe auch Kommunisten in der Armee kennengelernt, noch überzeugte. Aber selbst die wären darauf nicht mehr angesprungen.

Herr Böll, können Sie sich erinnern, daß Sie selbst einmal ein sowjetisches Flugblatt gefunden haben?

Heinrich Böll: Flugblätter nicht. Aber ich habe diese Lautsprecherpropaganda oft gehört: »Kommt rüber!« Das war in einer Situation, so 1943, wo im Grunde jeder wußte: die Sache ist aus. Im Winter auch, da hockte man da. Wir hörten das sehr gut, etliche Male, ein paar Wochen lang bestimmt, und es hat uns zu nichts veranlaßt. Es gab Überläufer in den Gruppen oder Truppenteilen, wo ich damals war. Die verschwanden einfach nachts. Ich habe es etliche Male erlebt, daß einer rüberkroch oder im Dunkeln verschwand. Ob das eine Folge der Propaganda war oder die totale Demoralisierung durch die Erschöpfung, die sehr stark war, kann ich nicht beurteilen. Ich habe diese Propaganda gehört.

Sie selbst haben nie mit dem Gedanken gespielt »Ich mache Schluß«?

Heinrich Böll: Mit dem Gedanken gespielt, ja. Wir haben sogar – ich sage wir, weil ich mit ein paar Leuten zusammen war, mit denen ich reden konnte – das auch sehr genau überlegt. Ich hatte immer eine Karte bei mir, ich habe das in dem ersten Teil des Gespräches auch gesagt. Ich kam aus engen geographischen Verhältnissen. Wenn Sie West-Europa betrachten, Holland, Belgien und West-Deutschland zusammengenommen als eine geopolitische Einheit, und werfen einen Blick von Smolensk bis nach Wladiwostok und dann auch noch rauf nach Nord-Sibirien. Es ist doch ein bißchen viel Land da und viele Möglichkeiten. Ich habe, wie ich eben sagte, mit einem Kommunisten, mit dem ich sehr befreundet war und mich sehr gut verstand (wir haben uns nach dem Krieg noch sehr oft gesehen, und er war immer noch Kommunist), in der Wehrmacht oft über dieses Problem gesprochen. Er sagte immer: »Mensch, sollen wir nicht doch rübergehen?« Den habe ich davon überzeugt, daß das nicht verlockend war. Es kommt noch etwas hinzu, das habe ich auch, glaube ich, schon angedeutet: der Zustand des sowjetischen Landes, nennen wir das so, selbst wenn Sie sich alle Zerstörungen des Krieges wegdenken. Das war auch nicht verlockend. Was der Kommunismus da in zwanzig Jahren bewirkt hatte, die Dörfer, die Menschen, das war auch nicht verlockend.

Meine Vorstellungen über russische Geschichte waren gleich Null. Wie hat es vielleicht 1917 dort ausgesehen, oder wie hat es

Stellungsbau der russischen Bevölkerung für die Verteidigung Moskaus

1900 dort ausgesehen? Ich muß sagen, ich habe nichts davon in der Schule gelernt. Ich hatte da auch keine Vorstellungen. Denn ich meine, ohne den geschichtlichen Hintergrund des 19. Jahrhunderts kann man meiner Ansicht nach das Rußland des 20. Jahrhunderts überhaupt nicht verstehen.

Heinrich Böll: Das Hauptmotiv war die völlige Unüberschaubarkeit dieses riesigen geographischen Gebildes Sowjetunion, mit ungeheuer verschiedenen Regionen sowohl klimatisch wie wirtschaftlich usw. Ich habe Angst gehabt, mich da hineinzubegeben, sonst hätte ich es gemacht. Ich habe so meine Theorie, die können Sie als Historiker korrigieren. Ich glaube, wenn dort Amerika gewesen wäre, wäre der Krieg zwei Jahre früher zu Ende gewesen. Die Angst vor dieser Weite und diesem unberechenbaren Gegner hat, glaube ich, ganz erheblich zum Widerstand beigetragen.

Ja, sicher. Und ich meine, die Nazipropaganda hat hier natürlich auch noch bei den jüngeren Generationen sehr gewirkt.

Lew Kopelew: Ich kann da noch ein Beispiel nennen. Das Buch von dem Kommunisten, Leutnant Scheringer, der 1931 vom Nazi zum Kommunisten wurde. Er muß irgendwo in Bayern noch leben. Das Buch »Das große Los«. Das war für mich sehr einleuchtend und interessant, warum er als überzeugter Kommunist und zugleich ein Batteriekommandeur vor Moskau nicht übergelaufen war. Er wollte seine Kameraden nicht im Stich lassen, das gehört auch dazu. Er hatte Verantwortungsgefühl.

Heinrich Böll: Man weiß nie, was man anrichtet, verstehen Sie? Wer mit draufgeht, ohne gefragt worden zu sein. Es kommt noch was hinzu, das fällt mir jetzt erst ein, ich habe als junger Mensch mit sechzehn oder siebzehn ein Buch gelesen, »Das rote Imperium«, eine der ersten Publikationen eines deutschen Journalisten über das stalinistische Moskau, und zwar war das Kramer, der spätere Herausgeber des »Rheinischen Merkur«, der ein guter Journalist war. Kein, sagen wir, sturer Anti-Kommunist, aber natürlich kein Kommunist. Das Buch erschien 1934 oder früher, und er schildert darin die Verhältnisse in Moskau. Auch die Not, die Versorgungsschwierigkeiten. Und das war alles nicht verlockend für uns.

Können Sie sich an die ersten deutschen Gefangenen erinnern, Herr Kopelew? Überhaupt an den ersten, den Sie vernahmen. Sie hatten doch durch die Literatur ein Bild von den Deutschen, wenn Sie nun mit dem Gefangenen sprachen, das war ja bis dahin die Sprache Goethes, Schillers und Heines für Sie gewesen. Korrigierte sich Ihr Bild von den Deutschen, oder wurde es bestätigt?

Haben Sie aus Ihrem Bild von den Deutschen die Deutschen wiedererkannt oder waren Sie der Meinung: »Nein, das sind nicht die, die ich mir vorstellte?

Lew Kopelew: Zum Teil ja und zum Teil nein. Es war eine bittere Enttäuschung für mich als damaligen Marxisten, daß ich gerade vielmehr Verständnis und vielmehr kritische Betrachtung des Nazistaates bei den Intellektuellen fand oder bei manchen religiös eingestellten Menschen.

Sie hofften, Antifaschismus mehr bei den Arbeitern zu finden?

Lew Kopelew: Bei den Arbeitern war es eher das Gegenteil. Ich weiß noch, als ich zum ersten Mal nach Kriegsbeginn wieder in Moskau war und eine alte Genossin von 1902 traf, die noch mit Lenin zusammengearbeitet hatte, und die fragte mich nun: »Wie sind die deutschen Arbeiter? Wie kommen die deutschen Proleten euch entgegen, und habt ihr viele drüben gewonnen?« Und als ich sie enttäuschen mußte, daß die wenigen Antifaschisten, die ich unter Gefangenen traf, ausgerechnet Intellektuelle waren. Oder da war ein Pfarrer. Sie wollte es mir nicht richtig glauben. Sie meinte: »Das sind reine Zufälle.« Ich kann mich sehr gut erinnern, an die jungen deutschen Soldaten dort an der Nordwest-Front, die wir gefangen genommen haben (in einem Fall habe ich unmittelbar an der Gefangennahme teilgenommen) und die sagten: »Na ja, ihr seid ja hier im Kessel« – aber wir waren nicht im Kessel – »Laßt uns lieber laufen, denn sonst wird es euch schlimm ergehen.« So, in dem Ton.

Sie waren voller Siegeszuversicht?

Lew Kopelew: Absolut. Aber nachdem sie sich schon bewußt wurden, daß man sie nicht erschießen will, wie die meisten vermutet hatten, daß man sie menschlich behandelte. Ich war immer daran interessiert zu erfahren, was die Menschen wirklich denken.

Und die Gefangenen habe ich nicht bloß verhört, sondern versuchte, sie zu einem ungezwungenen Gespräch zu bringen. Im Herbst 1941. Die meisten glaubten eisern fest an den Sieg, glaubten an den Führer, aber es gab ganz komische Fälle. Es war ein junger Bayer, ich komme jetzt nicht mehr auf seinen Namen, ein SS-Mann von der Totenkopfdivision, von der Reiterbrigade, der war gefangen genommen worden nicht im Gefecht, sondern unsere Spähtruppler erwischten ihn. Er hatte die Pferde zum Tränken geführt. Sie haben ihn ruhig über die Front gebracht. Ein Bauernsohn, ein vierschrötiger Kerl. Beim ersten Verhör wollte er zunächst nichts erzählen. Da habe ich ihn einfach im Kasernenton aufgefordert: »Aufstehen, Knochen zusammenreißen! Wissen Sie, was Disziplin bedeutet?« »Jawohl!« »Solange Sie bei der Wehrmacht waren, mußten Sie Ihren Offizieren gehorchen. Hier sind Sie bei der Roten Armee, ich bin ein Offizier, und Sie müssen auf meinen Befehl gehorchen. Verstanden?« »Jawohl!« »Beantworten Sie alle Fragen wahrheitsgetreu!« Und dann hat er alles erzählt. Nachdem er alles erzählt hatte, über die Lage dort, wieviel Mann und wo die sind, wie die Stellungen verlaufen und wo die Artillerie steht, kamen wir ins Gespräch über den Krieg. »Na, selbstverständlich müssen wir siegen«, so sprach er treuherzig, »Ihr braucht keine Furcht zu haben, wir bringen Euch nur gute deutsche Ordnung und so weiter.« Es tat ihm ein bißchen leid, daß er mir traurige Dinge sagen mußte. Aber er war fest überzeugt, noch vor Weihnachten werden Moskau und Leningrad fallen.

Heinrich Böll: Wann war das? 1941?

Lew Kopelew: Das war 1941, und das war noch vor den Frösten. Ungefähr im Oktober. Aber da war die Situation bei uns im Nordwesten ziemlich schlimm, vom Norden kamen die nach Leningrad vor, vom Süden bis nach Kalinin und Rshew. Wir waren nicht im Kessel, aber im »Hufeisen«. Deswegen konnten die Kriegsgefangenen nicht fortgebracht werden, die Wege nach Osten waren oder schienen unsicher. Offiziere brachte man mit Sonderkurier zurück, aber Mannschaften und Unteroffiziere mußten warten. Vor Weihnachten wollten wir neues Propagandamaterial vorbereiten, und wir hatten da so eine Maschine, mit der Zelluloid-Schallplatten gemacht wurden. Wir brauchten Weihnachtslieder, deutsche Weihnachtslieder. So kamen wir zum Sammelpunkt der Kriegsgefangenen in Waldai. Die Gefangenen

Vom September 1941 bis Januar 1944 dauerte die Belagerung Leningrads. Bei minus 30 Grad fiel im Winter 1941/42 die Strom- und Wasserversorgung aus.

sollten die Weihnachtslieder singen. Sie wurden von einer Kapelle der Front-Polit-Abteilung begleitet, wir hatten sonst keine anderen Musiker in der Nähe, das war ein bißchen komisch, und nun sah ich diesen Rottenführer da, ich glaube, der war damals der Älteste bei den Gefangenen. Als Unteroffizier war er dort der Dienstälteste. Sofort organisierte er einen Chor, und sie übten im Handumdrehen die Lieder ein. Also, da gab es »Stille Nacht« und noch andere Weihnachtslieder, die schön vorgesungen und aufgenommen wurden. Das hat allen so gut gefallen.

Heinrich Böll: »Leise rieselt der Schnee«?

Lew Kopelew: Ich glaube, ja. Zwei, drei Weihnachtslieder. Und dann kam mir plötzlich die Idee: »Wollt Ihr nicht auch antifaschistische Lieder vorsingen?« Und dieser Unteroffizier sagt: »Ja.« Und da hatten wir die Texte von Brecht »Links, zwei, drei«, »Moor-Soldaten«, und dieser SS-Mann diktierte die Texte, so diensteifrig, so fleißig, er kommandierte das Einüben, dirigierte den Chor. Da fragte ich ihn unter anderem: »Na, was denken Sie jetzt über den Endsieg, bald ist ja Weihnachten.« »Wir haben den Krieg verloren«, sagte er. »Woher wissen Sie es jetzt?«

»Na, wissen Sie, drüben haben mir die Offiziere gesagt, daß wir den Krieg gewinnen, das habe ich geglaubt, Aber hier sagen alle Offiziere, wir haben den Krieg verloren, ich glaube es ihnen.« Das war für mich ein sonderbares und gewissermaßen belehrendes Erlebnis. Ebenso wie unser erster Überläufer auch eher komisch war, aber ein richtiger Überläufer. Das Datum kenne ich noch. Es war am 2. Januar 1942, und auch in diesem Fall handelte es sich um einen SS-Mann, ich kenn' noch den Namen, er hieß Adolf Schnitke und war mal bei der Leib-Standarte gewesen. Der kam rübergelaufen, nicht wegen der Propaganda, sondern weil ihm ein Kriegsgericht drohte. Er war strafversetzt, zunächst zum Wachkommando Fuhlsbüttel und dann an die Front, weil er im Lager was geschoben hatte und in der Silvesternacht auf dem Posten eingeschlafen war. Da blühte ihm schon was ganz Schlimmes. Er kam mit der Parole »Ich erzähle große Geheimnisse«. Die hat er irgendwo russisch gelernt. Er erzählte, wo die Wolfsschanze liegt und allerlei Dienststubenquatsch über Hitler und Himmler. Er wollte sogar ein Hitler-Attentat machen und verlangte dafür nur 50 000 Reichsmark. Das war eine komische Geschichte.

Sie haben auf bestimmte Gruppen von Intellektuellen besonders hingewiesen. Hat es Unterschiede gegeben zwischen Mannschaft und Offizieren?

Lew Kopelew: Zwischen den Altersgruppen gab es deutliche Unterschiede und die älteren waren leichter ansprechbar.

Heinrich Böll: Ich vermute: waren es nicht auch Großstädter?

Lew Kopelew: Ja, bestimmt. Berliner, Hamburger, auch die Rheinländer waren mehr ansprechbar als die Pommern zum Beispiel.

Heinrich Böll: Ich habe mal lange mit Ehrenburg darüber gesprochen, der ja sehr exakt große Gruppen von Soldaten, man kann nicht sagen verhört, der mit ihnen gesprochen hat. Er war ja ein kluger Mann. Sie wollten einfach herauskriegen, wie denken die, wo kommen die her, und der hat mir überraschenderweise erzählt, daß also zum Beispiel Bayern und Rheinländer stärker antifaschistisch waren als Sachsen und Ostpreußen. Solche Unterschiede haben Sie wohl bemerkt.

Lew Kopelew: Das waren auch unsere Erfahrungen.

Heinrich Böll: Es waren die konfessionellen Unterschiede und die regionalen. Also, man hat das schon zu differenzieren versucht. Wenig nazistisch waren auch die Großstädter. Das ist auch am statistischen Wahlergebnis nachweisbar.

Während wir schon vor 1933 kleine Städte und ganze Dörfer in Schleswig-Holstein hatten, die 60, 70, 80 Prozent Nazis wählten.

Heinrich Böll: Während Berlin noch 1933 nur 30 Prozent hatte und Köln auch. Merkwürdige Wahl.

Lew Kopelew: Die schwersten Kerle waren bei uns, ich kenn' noch die Division, das war die 32., die sogenannte Löwendivision aus Pommern, die haben feste gekämpft, die waren stark im Angriff, und dann die 30. Division, die Norddeutsche Division, die waren von der Wasserkante, die nannten sich »Division der langen Beine«. Die meisten Divisionen hatten ja ihre Spitznamen. Das waren die härtesten. Obwohl eben von der 30. nachher auch einige Hamburger zu uns kamen, da waren noch richtige Antifaschisten bei.

Wie war das nun eigentlich, es wurden ja sehr schnell Kriegsgefangene doch mit eingeschaltet, um Flugblätter zu schreiben. Hat das eigentlich große Mühe gemacht, sie dazu zu überreden, oder gab es auch Antifaschisten, die sofort bereit waren, über den Frontlautsprecher zu sprechen oder Flugblätter mitzugestalten? Sie wissen, es gibt eine Reihe Flugblätter, wo sich ein Soldat an seine Kameraden wendet, sie möchten überlaufen, wobei ja diese Anfänge der antifaschistischen Propaganda merkwürdig unpolitisch sind. Ist Ihnen das aufgefallen?

Lew Kopelew: Ja, eben deswegen gab es auch so gut wie keine Probleme dabei. Doch, es gab wohl ein Beispiel, wo sich

Deutsche Kriegsgefangene in einem sowjetischen Gefangenenlager 1943 während einer Veranstaltung

einer lange weigerte, ein Flugblatt zu schreiben, und das war ausgerechnet Leutnant von Kügelgen, der nachher in der DDR den »Sonntag« geleitet hat.

Wir haben hier einen Brief von ihm dabei, von Kügelgen, wo er seiner Tante schreibt.*

Lew Kopelew: Ja, er hat sich nur dazu überreden lassen. Aber die meisten waren gern dabei. 1944 haben wir schon manche Gefangene einfach zurückgeschickt. Es war üblich bei der großen Kesselschlacht in Belo-Rußland. Da haben wir einfach gesagt: »Geht zurück und holt die anderen.« Wenn da zwei oder drei aus dem Wald herauskamen, hieß es: »Was, kommen so wenige? Geht zurück, holt alle mit!«

Heinrich Böll: Wir wollen mehr!

Lew Kopelew: Ja, das war schon selbstverständlich, da war schon die Siegeszuversicht. Da hat man sich das leisten können.

---

* vergleiche Seite 170

Herr Böll, haben Sie eigentlich mal etwas erfahren von Antifaschisten, die auf der anderen Seite Propaganda machten, meinetwegen von den Reichstagsabgeordneten Pieck oder Ulbricht, oder von dem Schriftsteller Weinert oder auch von dem Nationalkomitee?

Heinrich Böll: Auch nicht von dem Nationalkomitee. Nein, nichts gehört, auch nie gelesen oder erfahren.

Wissen Sie, ich stelle deshalb diese Frage nach dem Nationalkomitee, weil ja bis zum heutigen Tage die Diskussion, selbst in seriösen Darstellungen, nicht aufhört. Waren es vielleicht nicht doch Landesverräter? Deuerlein zum Beispiel in seinen Darstellungen des Nationalkomitees. Es gibt bis heute keine einheitliche Meinung, obwohl man ja im Grunde genommen sagen müßte: »Jeder, der gegen Hitler gekämpft hat auf seine Art, hat es richtig gemacht.«

Heinrich Böll: Also, das Verhalten dieser Soldaten und Offiziere war ja im strengsten Sinne patriotisch, und zwar patriotisch fast im Sinne einer alten preußischen Tradition.

Lew Kopelew: Ja, auch ihre Fahne war schwarz-weiß-rot.

Die Berufung auf Tauroggen!

Heinrich Böll: Ich habe nichts davon gewußt während des Krieges. Später ja. Alles, was ich gelesen habe von und über das Nationalkomitee, war mir auf eine fast zu preußische Weise patriotisch. Meine Sympathie ist selbstverständlich bei diesen Leuten, aber es war auch ein fremder, für mich als Rheinländer ein preußisch-patriotischer Ton drin. Nein, ich hab' nie davon gehört, nichts gewußt, woher auch?

Es hätte ja sein können, denn ich meine, viele von uns haben natürlich doch Flugblätter gefunden vom Nationalkomitee. Wir haben an der Front auch mal Rundfunk gehört.

Lew Kopelew: Das Nationalkomitee entstand erst 1943. Zunächst war seine Parole: »Wir wollen keine Überläufer!« Sie riefen nicht zum Überlaufen auf, sondern forderten ausdrücklich: »Kämpft gegen Hitler! Nur so könnt Ihr einen ehrenvollen Frieden sichern. Kämpft drüben bei der eigenen Truppe in der Heimat.« Und ich weiß ganz genau, als General Seydlitz zu uns an die Nordwest-Front kam, er kam schon als Kriegsgefangener, als Präses des Offiziersbundes, der zum Nationalkomitee gehörte, und er kam zu uns, weil in unserem Abschnitt noch seine alte Division lag. Die 12. Division, die ja »Seydlitz-Division – immer voran« hieß. Er war damals strikt gegen das Überlaufen, er hatte da ein Gespräch mit einem Überläufer, einem früheren Berliner Gastwirt – Obergefreiter, der mit seiner Gruppe übergelaufen war. Ich habe es, leider nicht auf die beste Weise, mitgehört. Wir ließen sie untereinander sprechen, aber ein Mikrophon war doch eingebaut. Das muß ich gestehen.

Sie wollten es doch ein bißchen wissen, was da gesprochen wurde?

Lew Kopelew: Ja, das wollten wir. Seydlitz fragte ihn zunächst aus, wie es bei der Truppe aussähe. Der Berliner hat es ihm sehr ausführlich erzählt. Seydlitz sagte zu ihm: »Sie sprechen so vernünftig, warum blieben Sie nicht, um die Kameraden aufzuklären und den Kampf gegen Hitler zu führen?« Und der antwortete: »Entschuldigung, Herr General, wenn ich dageblieben wäre, hätte ich nicht die Freude gehabt, Sie kennenzulernen.« Seydlitz lachte ein bißchen, sprach dann aber weiter im gleichen Ton. Und da sagte der Berliner: »Wenn solche Männer wie Sie und andere Generäle, die jetzt beim Nationalkomitee sind, nicht gegen die Nazis kämpften, was könnte denn ich, ein kleiner Unteroffizier, da machen?« Das war ein interessantes Gespräch. Damals hat Seydlitz zwei Briefe verfaßt, einen an den Generaloberst Busch und einen zweiten an den Befehlshaber der 16. Armee, an die Generäle, die er persönlich kannte, mit der Bedingung, daß diese Briefe nicht publiziert werden.

Einer der deutschen Antifaschisten bei uns war Franz July, der erste deutsche Soldat, der in unserem Frontabschnitt eine Auszeichnung erhielt, die Tapferkeitsmedaille. Er brachte die Seydlitz-Briefe direkt an den Armeestab Busch. Er wurde mit dem Fallschirm abgesetzt, zusammen mit noch einem Antifaschisten. Sie haben die Briefe abgegeben. Nachher haben sie auch gekämpft. Sie bekamen von uns die Weisungen, wie sie zu den Partisanen gelangen konnten, durch die sie zurückkommen sollten.

Sind Sie der Meinung, Herr Kopelew, daß das Massenschicksal der deutschen Kriegsgefangenen in der Sowjetunion generell mit dem Massenschicksal der sowjetischen Kriegsgefangenen in Deutschland gleichgesetzt werden kann, oder konkreter: Wollte die Sowjetunion die deutschen Kriegsgefangenen vernichten?

Lew Kopelew: Nein. Die Schicksale sind auch unvergleichbar. Ich weiß, daß es vielen deutschen Kriegsgefangenen bei uns schlecht ging. Ich habe die deutschen Kriegsgefangenen selbst schon sozusagen als Lagerkamerad erlebt, nicht nur als Häftlinge, denn zum Beispiel im Lagerkrankenhaus kam ich mit deutschen Kriegsgefangenen zusammen, die im benachbarten Kriegsgefangenenlager gearbeitet hatten und zu uns ins Krankenhaus kamen. Aber einen Vernichtungsplan, so wie es ihn auf der Naziseite gab, hatten wir nicht. Es sind allerdings viele durch Schlamperei, durch schlechte Wirtschaft, durch Brutalität einzelner Dienststellen zugrunde gegangen.

Auch durch Korruption?

Lew Kopelew: Ja, aber die deutschen Kriegsgefangenen haben es wirklich besser gehabt als wir – sowjetische Strafgefangene. Das konnte man kaum vergleichen, obwohl die damals auch Kohldampf schieben mußten und hart im Wald arbeiteten.

Heinrich Böll: Ich weiß nicht, ob Sie die Schrift von Ihrem Kollegen Streit »Meine Kameraden« kenne. Ein Buch über die Gefangenen. Und Streit hat ja festgestellt, ich habe mich mehrfach darauf berufen, daß die Sterblichkeit in deutschen Lagern für sowjetische Kriegsgefangene fast 58 Prozent betrug. Die Sterblichkeit der Deutschen in sowjetischen Lagern betrug 37 Prozent. Wenn man das Wort »Vernichtung« anwenden will, dann trifft es eher auf die deutsche Politik gegenüber den sowjetischen Kriegsgefangenen zu. Den Eindruck oder die Angst, daß wir vernichtet würden, wenn wir überliefen, haben wir nicht gehabt. Nur Angst vor dem unberechenbaren Elend, was da herrschen mußte. Ob da eine Vernichtungsabsicht war? Ich glaube es nicht, das kann ich mir nicht vorstellen.

Herr Böll, ich selbst weiß es, denn ich war fünf Jahre in sowjetischer Gefangenschaft. Nur ich wollte das noch einmal ausdrücklich

Ehrenmal auf dem Friedhof in Hamburg-Bergedorf für 651 sowjetische Kriegsgefangene, die im KZ Neuengamme umkamen

aus dem Mund von Herrn Kopelew hören, denn Sie wissen, daß es hier ein phantastisches Zahlenspiel mit bis zu 5 Millionen Deutschen gibt, die in der Sowjetunion verschwunden sein sollen. Und dann ist festgestellt worden: da wurden also alle Gefangenen, alle Vermißten und alle Kriegsgefangenen zusammengezählt. Das schwächste an dem ganzen Dokumentationsmaterial sind die Zahlen, und die werden von bestimmter Seite schlimm ausgenutzt im Zuge einer Aufrechnung.

Heinrich Böll: Es sind auch alle Verschleppten hinzugezählt worden, alle Zivilisten.

Wir können heute nicht exakt angeben, wieviele Deutsche eigentlich wirklich in Gefangenschaft geraten sind. Während wir das im Bezug auf die sowjetischen Gefangenen exakt angeben können und auch ziemlich genau wissen, daß von den ungefähr 5 Millionen 3 Millionen umgekommen sind, das wissen wir also auch. Aber es gibt keine exakten Zahlen, was deutsche Kriegsgefangene anbelangt, und das hat natürlich immer der Spekulation auch Tür und Tor geöffnet.

Heinrich Böll: Gibt es in der Sowjetunion vielleicht noch verborgene Statistiken?

Lew Kopelew: Ja, sicher. Es könnte sein, daß sie auch einmal bekannt werden, obwohl die Wirtschaft da so schlimm war. Aber es müßte doch irgend etwas darüber vorhanden sein.

Heinrich Böll: Das ganze Thema ist ja in der Sowjetunion tabu. Ich hab' da eine merkwürdige Erfahrung gemacht, als ich einen Roman schrieb und Details wissen wollte über die Ernährung russischer Gefangener bei uns. Ich brauchte nur drei, vier kleine, wirkliche Fakten, was haben die zu fressen gekriegt. Da habe ich, naiverweise, an den Schriftstellerverband in Moskau geschrieben. Schickt mir doch Material. Und die schrieben mir zurück und schickten mir KZ-Dokumentationen. Die brauchte ich nicht, ich wollte wissen, was ein sogenannter normaler russischer Kriegsgefangener hier zu fressen bekam. Keine Antwort. Und dann, ich war schon nicht mehr so naiv, habe ich Lew Kopelew gefragt, und der sagte: »Du bist wohl verrückt. Es gibt keine russischen Kriegsgefangenen.« Also, das ist immer noch tabu.

Viele der von Ihnen verfaßten Flugblätter, Herr Kopelew, berufen sich hinsichtlich der Behandlung der Gefangenen auf die Genfer Konvention. Flugblätter nennen Verpflegungsnormen, es wird warme Kleidung versprochen. Es werden Abbildungen von arbeitenden Kriegsgefangenen und von Kriegsgefangenen in der Freizeit gezeigt. War das alles nur Propaganda im schlechtesten Sinne oder kann man sagen, daß in diesen Flugblättern die Wirklichkeit der Kriegsgefangenen einigermaßen exakt wiedergegeben wird?

Lew Kopelew: Nicht exakt, aber doch wahr wiedergegeben, denn wir sammelten dieses Material an der Sammelstelle, im Durchgangslager hinter der Front. Wir wußten ja nicht, was ganz hinten vorgeht. Das haben wir erst 1943 zu erfahren begonnen, als die Frontbevollmächtigten des Nationalkomitees aus den rückwärtigen Lagern, aus der Moskauer Antifaschule zu uns kamen und es uns erzählten, wie zum Beispiel Graf Einsiedel (siehe Beitrag S. 95; d. Verf.). In den Sammelstellen, die wir im Frontgebiet hatten, zunächst in Waldai, dann in Borowitsch, auch in Ostaschkow, da war es eben so, wie wir es in den Flugblättern beschrieben haben. Wir hatten wohl hin und wieder Streitigkeiten mit der

NKWD, diese Sammelstellen waren der NKWD unterstellt. Kaum war der Kriegsgefangene von der unmittelbaren Front weg, wurde er der NKWD untergeordnet. Sie bekamen warme Sachen, Brot, Kascha, Kartoffeln, Konserven. Man sah, daß es nicht allzu reichlich war. Aber wenn ich zum Beispiel in ein Lager kam und die Kriegsgefangenen zu der Antifa-Schule anwerben wollte, habe ich nie mit materieller Vergütung gelockt. Ich sagte im Gegenteil: »Jetzt kommt ihr an die Front, vielleicht bekommt ihr etwas besser zu essen, aber ihr werdet ein gefährliches Leben führen müssen. Ihr werdet vielleicht auch unmittelbar an der Feuerlinie Propaganda machen müssen.« Und wir unterschieden damals ganz deutlich die Antifaschisten von den »Kaschisten«. Gelogen haben wir nicht in den Flugblättern. Was da gegessen wurde, haben wir gesehen.

Ich habe ja auch diese Erfahrung gemacht. Die Art und Weise, wie wir in einigen Gefangenenlagern behandelt wurden und wie es von der Leitung her gewünscht wurde, da konnte ja einiges nicht stimmen. Jedesmal, wenn eine Kommission ins Lager kam, wurde es besser, merkwürdigerweise. Es konnte also nicht übereinstimmen. Natürlich haben wir sowjetische Verpflegungsoffiziere erlebt, die alles verschoben haben, was wir bekommen sollten. Wir haben andere sowjetische Offiziere erlebt, die haben uns nicht ein Gramm Brot oder ein Gramm Fett weggenommen, die waren äußerst korrekt. Es war ganz unterschiedlich. Aber das merkten wir auch schon, das konnte nicht stimmen, daß das von oben her gewollt wurde, daß wir oft nur Wassersuppen bekamen. Kam ein General, war das Essen plötzlich sehr anständig.

Heinrich Böll: Es ist das Problem von Besichtigungen überhaupt, in allen Bereichen. Ob Sie ein Gefängnis besichtigen, eine Kaserne, ein Waisenhaus oder ähnliches, vorher wird immer signalisiert, es kommen welche. Wenn ich das ergänzen darf, mit der Genfer Konvention: Ich war in der amerikanischen Kriegsgefangenschaft. Nicht in den USA, wo normale Bedingungen herrschten, sondern in einem Massenlager in Frankreich. Diese Unterscheidung ist sehr wichtig.

Wie lange?

Heinrich Böll: Ein halbes Jahr. Mich interessiert folgendes: Die Genfer Konvention wurde natürlich auch in den westlichen Massenlagern nicht eingehalten. Wo wird die überhaupt eingehalten?

Ich glaube, das einzige Land, wo sie zuverlässig eingehalten wurde, war Großbritannien. Das korrekteste Land in dieser Beziehung. Ich bin also gefangen genommen worden in der Nähe von Köln. Ein amerikanischer Offizier verhörte mich, der gut deutsch konnte, und der sagte zu mir, machen Sie sich keine Sorgen mehr, Sie kommen in ein Lager und Sie kriegen Bier und Würstchen. Das war offenbar eine Vorstellung vom Traum eines deutschen Soldaten. Das war seine echte Überzeugung, das war ein sehr fairer, humaner Mensch; wir waren ja auch völlig demoralisiert. Und der sagte also: »Ruhe jetzt, jetzt könnt ihr euch ausschlafen, dann kriegt ihr Bier und Würstchen und Zigaretten, Kantine und alles.« Dabei war dieses Lager ein furchtbares Hungerlager. Es war furchtbar. Ich denke heute, daß die amerikanische Armee einfach auf die Versorgung solcher Massen von Gefangenen nicht vorbereitet war. Es waren noch Millionen. Die Amerikaner wußten ja gar nicht, wieviel deutsche Soldaten noch lebten. Es war einfach schlimm, was in diesen Riesen-Lagern, wir waren so 200 000 in einem Lager, was da vor sich ging, der Hunger. Und da kam natürlich auch eine Delegation des Roten Kreuzes, aus Genf, Schweizer, die sich das alles anguckten. Und wir haben nur schallend gelacht, verstehen Sie, so absurd waren diese korrekten, sauberen Menschen, die da alles anguckten, unsere Zelte usw., die natürlich nichts bemerkten von dem Hunger und dem Elend. Ich wollte über die Genfer Konvention reden. Laut Genfer Konvention steht ja einem Kriegsgefangenen die Versorgung eines Reservisten zu. Also eines Soldaten, der in der Kaserne ist. Ich hab das nicht einen einzigen Tag in der Gefangenschaft bekommen. Es gab amerikanische Verpflegungsbüchsen, da waren auch pro Tag für jeden drei Zigaretten drin. Da wurden Gefangene abkommandiert, die die drei Zigaretten rausnahmen. Jetzt können Sie sich ausrechnen: 200 000 Gefangene mal drei Zigaretten waren 600 000 Zigaretten am Tag, mal 6 RM auf dem Schwarzmarkt. Das ging alles nach Paris. Ich möchte nicht wissen, wieviele Vermögen da entstanden sind. Wahrscheinlich bei Euch auch. Ich will das nur als Ergänzung zur sogenannten Genfer Konvention sagen, auf die sich kein Soldat verlassen sollte. Dieser amerikanische Offizier hat auch mit der Konvention gerechnet, der dachte, mein Gott, die armen Schweine, jetzt haben sie den Krieg hinter sich, jetzt kriegen sie endlich ihr Bier und ihre Würstchen.

Lew Kopelew: Noch zu diesem Thema. Ich weiß, nach dem

Kriege und im letzten Kriegsjahr 1945, ging es viel schlechter in den Lagern zu. Das weiß ich von den deutschen Kameraden, die ich schon im Lager kennengelernt habe. Während des Krieges, in den meisten Gefangenenlagern, bekamen sie die gleiche Verpflegung, sogar bessere als mancher Zivilist bei uns.

Ich habe es immer wieder erlebt, daß Zivilisten uns sagten: Ihr kriegt immer noch 600 Gramm, wir kriegen sehr oft nur 500 Gramm Brot.

Heinrich Böll: Ich kann das bestätigen. Unser Fressen wurde schlagartig mit dem 8. Mai 1945 unerträglich wenig, schlagartig. Bis zum Kriegsende, ich war also noch sechs bis sieben Wochen während des Krieges im Lager Sinzig, ging das, man konnte sich auch sagen: Mein Gott, die Armee hat Versorgungsschwierigkeiten. Schlagartig am 8. Mai, als die Kapitulation unterzeichnet war, wurde die Verpflegung mindestens um zwei Drittel reduziert.

Ich muß noch einmal zu einer prinzipiellen Frage zurückkommen, die den Krieg betrifft. Bis zum heutigen Tag wird in einer bestimmten Presse die Behauptung aufgestellt, Hitler habe (ich habe diese Behauptung übrigens in einer Januar-Ausgabe 1981 des »Ostpreußenblattes« gelesen, also ich denke es mir nicht aus) 1941 lediglich einen Präventivkrieg gegen die Sowjetunion geführt. Die Sowjetunion selbst sei 1941 lediglich noch nicht so weit gewesen. 1942 hätte die Sowjetunion Deutschland mit einem Krieg überzogen. Was meinen Sie zu dieser Behauptung?

Lew Kopelew: Ich glaube, daß es Unsinn ist. Denn die Sowjetunion war auch 1942 nicht kriegsbereit. Ich bin fest überzeugt, daß sie Deutschland nicht angreifen wollte, obwohl ich zu denen gehörte, die diesen Stalin-Hitlervertrag mit größter innerer Empörung aufgenommen haben. Für uns war es ein Schlag ins Gesicht: diese Teilung Polens. Ich wäre vor dem Kriege nie zur Partei gegangen, ich bin an der Front in die Partei gegangen, wo es einige gab, die ihre Parteibücher verbrannt hatten. Nach dem Finnland-Krieg sah man, wie schwach wir waren. Es sind viele Freunde von mir in Finnland gefallen, und wie haben wir diesen Krieg gehaßt. Mein Bruder war damals eingezogen. Er ist nachher bei Kiew gefallen, 1941. Und im Winter 1939–1940 war der größte Schrecken für mich, daß er in diesem ungerechten Krieg gegen Finnland mitmachen würde. Gott sei Dank, daß er nicht an die finnische Front kam.

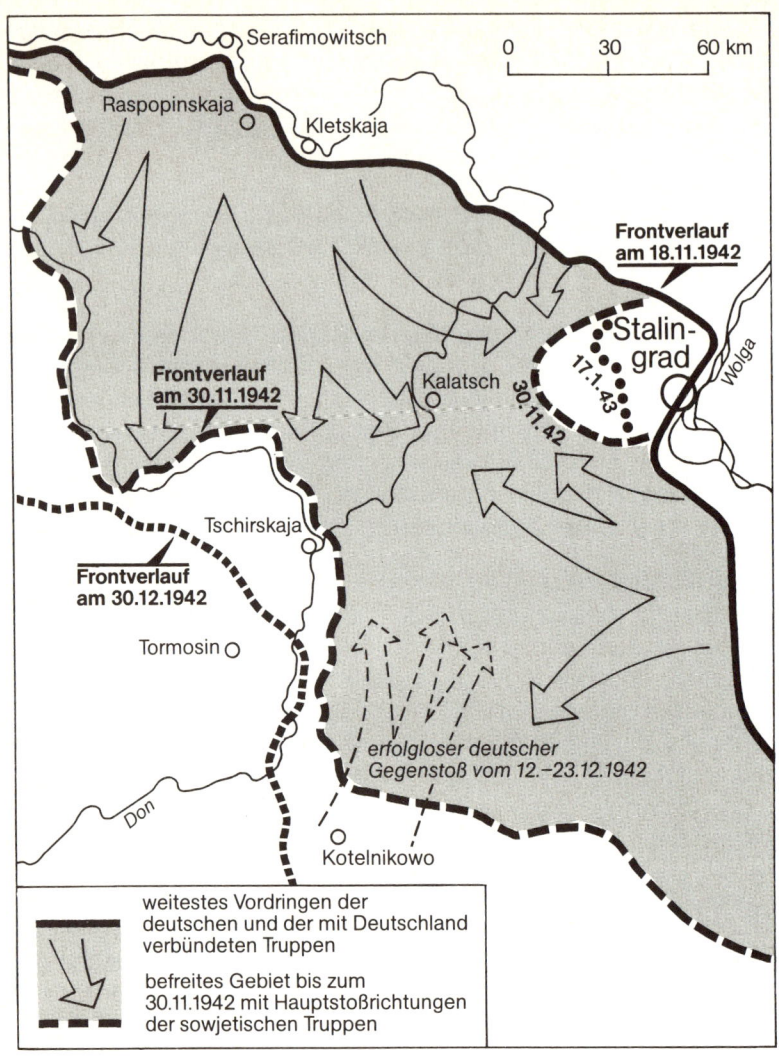

Die Schlacht von Stalingrad
vom 19. November 1942 bis 2. Februar 1943

Heinrich Böll: Der Krieg hat ja auch die Schwäche der Roten Armee deutlich gezeigt, die noch nicht mal Finnland erobern konnte.

Lew Kopelew: Als 1941 dieses »Umarmungsprotokoll« zum ersten Mal praktiziert wurde. Das war im April 1941, als der japanische Außenminister den Nichtangriffspakt in Moskau unterzeichnete. Das war der erste Fall eines »Umarmungsprotokolls«, wo Stalin zum ersten Mal ausländische Diplomaten zum Bahnhof begleitete. Stalin und Molotow umarmten den japanischen Außenminister. Das war für uns ein Zeugnis unserer Schwäche, absoluter Schwäche. Niemand rechnete mit einem Angriffskrieg der Sowjetunion. Er war ja so gut wie unmöglich. Und heute weiß man, Stalin wollte entweder im Bündnis mit Hitler die Welt erobern oder bestenfalls abwarten, bis das Hitlerreich ausgeblutet war, und dann daran profitieren.

Ich komme zu meinen letzten Fragen, sehr grundsätzliche Fragen. Herr Böll, Herr Kopelew, die Deutsche Wehrmacht und die Verbände der SS haben vor 40 Jahren einen Krieg begonnen, der in der 1 000jährigen russischen Geschichte der furchtbarste aller Kriege ist. 20 Millionen sowjetische Bürger starben, und auch bei uns gab es fast keine Familie, die nicht in den Trümmern ihrer Häuser einen Angehörigen zu beklagen hatte. Für eine junge Generation ist das alles unfaßbar, ungeheuerlich und sinnlos. Wie war es denn nun eigentlich möglich, daß wir aufeinander schießen konnten?

Die Schlacht von Stalingrad:
Kampf in den Werkshallen der Fabrik »Roter Oktober«

Heinrich Böll: Ich glaube, Kriege werden immer mit Worten vorbereitet, mit Propaganda. Es fängt immer damit an, daß man – »Feindbild« ist fast schon ein zu hoch gegriffenes Wort – »Untermenschen« schafft. Juden, Russen, Polen, Slaven. Und dieses Feindbild des jeweiligen »Untermenschen« können sie nur auf dem Gefühl der eigenen Überlegenheit aufbauen, propagandistisch verwurzeln, psychologisch vorbereiten. Also, die Arroganz auf der einen Seite und »der, der unter mir steht« auf der anderen Seite. Es gibt ja so ein Gefälle von Ost nach West, die Vorstellung, daß der jeweils östlich Wohnende der Minderwertigere ist. Das können Sie von Großbritannien im Bezug auf den Kontinent, von Frankreich auf Deutschland, von Deutschland auf Polen, von Polen auf Rußland verfolgen. Da gibt es die Arroganz der Briten, sie ist unschlagbar, die der Franzosen auf ihre Weise auch. Wir Deutschen sind zu dieser Arroganz propagandistisch erzogen worden.

Das haben Sie auch gefühlt, wenn Sie an die damalige Zeit zurückdenken?

Heinrich Böll: Selbstverständlich. Ich war 15 Jahre alt, als die Nazis kamen, und ich bin natürlich gegen meinen Willen oder ohne es zu wissen beeinflußt worden. Ich erinnere mich des Feindbildes, das man von Frankreich zeichnete, das war das Feindbild der Dekadenz, eine absterbende, völlig in mieser Sexualität versinkende »welsche« Nation. Ich habe es nicht geglaubt, habe es auch nicht bestätigt gefunden. Ich war Soldat in Frankreich und stellte fest, daß das im Grunde alles Bauern sind, im besten Sinne ein bäuerliches Volk. Also, ich komme auf das Feindbild zurück. Ich glaube, daß die Literatur eine entscheidende Rolle gespielt hat bei der Bildung von Feindbildern.

Der deutsche Schulmeister?

Heinrich Böll: Meine Schulmeister kann ich da nicht einbeziehen.

Ich habe auf der Oberschule Lehrer in SA-Uniform erlebt.

Heinrich Böll: Das kann ich für mich nicht bestätigen. Das ist ein Lieblingsthema von mir: (Ich werde nie mehr dazu kommen, es richtig anzupacken.) Das Bild der Nationen in der Literatur. Das

Bild des Deutschen ist bei Dostojewski, bei Tolstoi bestenfalls lächerlich. Die Sympathischen haben immer etwas Trottelhaftes. Jetzt guck dir das Bild des Russen in der deutschen Literatur an, soweit er überhaupt vorkommt. Guck dir den Deutschen in der englischen Literatur an. Ich glaube, daß da Klischees und Feindbilder unbewußt vorbereitet wurden. Schon indem sie sagen: »ein Russe«, kommt das Vorurteil hoch.

Ich glaube, was wir tun könnten, das hört sich sehr pathetisch an, alle Autoren, vom Journalisten bis zum Romanschreiber, wir könnten gegen diese lange, lange vorbereiteten Feindbilder oder Vorurteile anzureden versuchen, sie zu vermeiden versuchen. Bei den Briten ist es so gewesen, das habe ich als Schüler bemerkt, da war ein starkes Ressentiment: im Grunde eine Bewunderung der alten britischen Tradition. Das deutsche Minderwertigkeitsgefühl. Wenn Sie Hitlers Äußerungen über Churchill analysieren, kommt eigentlich Bewunderung heraus. Es wird mit Worten, es wird mit Schriften, mit Artikeln, mit publizistischen Arbeiten und auch in der belletristischen Literatur ein Feindbild, es werden Vorurteile geschaffen.

Lew Kopelew: Ich muß sagen, da teilen sich die Welten. Bei uns ist es ganz anders gewesen. Was Du über Dostojewski und Tolstoi gesagt hast, das kann vielleicht zum Teil stimmen, aber das war noch kein Haß. Das waren bestimmte Vorurteile, Antipathie, Mißtrauen. Da gab es den berühmten Satz des Generals Jermolow zum Zaren Alexander I.: »Welchen Lohn kann ich Dir noch geben nach den großen Siegen, Du hast ja alle Orden?« »Majestät, befördern Sie mich zu einem Deutschen.« Seit dem 18./19. Jahrhundert waren in Rußland viele Generale und hohe Beamte – Baltendeutsche. Da gab es gewisse Ressentiments, Vorurteile.

Aber was nun meine Generation anbetrifft, was wir in den zwanziger Jahren erlebten, da war es gerade das Gegenteil. Wir wurden internationalistisch erzogen. Aus Büchern, die wir lasen, zum Beispiel solchen wie Fedins »Städte und Jahre« oder Larissa Raissnev »Hamburg auf den Barrikaden«, aus Büchern der deutschen Autoren, die bei uns sehr populär waren – wie Kellermann, Remarque, nachher auch Anna Seghers, Willi Bredel, Johannes Becher – entstand der Begriff: der Deutsche ist unser natürlicher Verbündeter, weil wir ja auch gegen den Versailler Vertrag waren. In den utopischen Vorstellungen solcher »roter Imperialisten«, wie es meine Wenigkeit damals war, gab es sogar einen Traum von dem gemeinsamen Marsch mit den deutschen Proletariern, mit deutschen Arbeitern gegen die englischen und französischen Imperialisten. Die Engländer und die Franzosen, die die Weiße Armee unterstützt hatten, das waren die gemeinsamen Gegner. Zum Beispiel in einem der ersten Tonfilme bei uns, der hieß »Am Stadtrand«. Da war ein deutscher Kriegsgefangener, der zusammen mit den Rotarmisten an die Front zieht. Zuerst wurde gezeigt, wie zu Kriegsbeginn 1914 eine Hetze gegen die Deutschen geführt wurde. Wie man einen Deutschen beschimpft hat. Aber dann kam die Revolution. Die Kriegsgefangenen marschierten mit Rotgardisten zusammen. Nein, bei uns gab es kein Feindbild, keinen Deutschenhaß vor dem Krieg.

Heinrich Böll: Für Sowjetrußland gab es bis zum Krieg keinen Haß auf die Deutschen. Das kann ich bestätigen. Aber das beruhte natürlich auch auf den großen Hoffnungen, die man auf Deutschland setzte, eine große, eigentlich die größte KP gab es in Deutschland. Deutschland war das kommunistischste Land der Welt, was wir immer wieder vergessen. Die Hoffnung auf die deutsche Arbeiterklasse, auf die KP, die war sehr groß.

Lew Kopelew: Und nicht nur auf die KPD. Ich kann mich noch sehr gut erinnern, 1932 in Charkow, wo ich damals war, als dorthin ein Vertreter von Danzig kam, von der Freien Stadt Danzig, die Danzigfahne wehte über seinem Hotel. Wir standen vor dem Balkon, der Danziger hielt eine Rede über die polnischen Faschisten, über die Unterdrückung der Deutschen in Polen. Wir haben ihm zugestimmt. Wir haben ihn als einen potentiellen Verbündeten im Klassenkampf angesehen. Der Haß auf die Deutschen kam tatsächlich aber erst im Kriege. Geschossen hat man zunächst, weil man angegriffen wurde. Und komischerweise wurde ich hier irgendwo darauf angesprochen, ob es nicht Ehrenburg war, der diesen Haß erzeugte, im ausgehungerten Leningrad, in ausgebrannten Städten und Dörfern. Das stimmt nicht, das ist ja wirklich naiv – denn Ehrenburg war wohl einer von den eifrigsten haßerfüllten Journalisten. Aber nicht er hat diesen Haß gesät, der kam durch die Kriegsereignisse. Und da wurden schon unsere Kinder von diesem Haß angesteckt. Ich weiß noch, wie ich einen Brief aus Moskau bekam, von meiner ersten Frau, als dieser berühmte Marsch der deutschen Kriegsgefangenen durch Moskau, im Sommer 1944, stattfand. Mein fünfjähriges Töchterlein, das das betrachtete, sagte:

Am 17. Juli 1944 zogen viele Tausend deutscher Kriegsgefangener unter den Augen der Bevölkerung durch Moskau

»Mama, die sind ja Menschen«. Das war für das Kind etwas Erstaunliches, die Deutschen sind Menschen und keine wilden Tiere, wie sie damals immer vorgestellt wurden. Ja, dieser Haß kam. Die Grausamkeiten am Ende des Krieges sind zum Teil auch von diesem Haß, nicht nur von den ganz gemeinen Instinkten beeinflußt worden. Von diesem Haß, der im Kriege entstand.

Wie ist denn eigentlich heute das Bild von den Deutschen in der Sowjetunion?

Lew Kopelew: Der Haß ist vorbei. Das sagte ich schon in unserem ersten Gespräch. Und Heinrich Böll ist einer von denen, dem man es zu verdanken hat. Das ist vorbei, bei den jungen Generationen.

Heinrich Böll: Ich habe das auch nie gespürt.

Was ich eigentlich gespürt habe, gerade noch vor einigen Jahren, war eine, bei der jungen Generation, völlige Unkenntnis von unserer Wirklichkeit. Obwohl ich auch der Meinung bin, daß Unkenntnis *auch sehr verhängnisvoll sein kann. Die Unkenntnis bei sowjetischen Jugendlichen ist meiner Ansicht nach genauso groß wie bei unseren Jugendlichen bezüglich der sowjetischen Wirklichkeit. Unkenntnis scheint auf beiden Seiten da zu sein.*

Heinrich Böll: Sie haben recht. Der Fantasiespielraum wird zu groß und auch die Möglichkeit, mit Propaganda in diese Desinformation hineinzuwirken. Das ist das Gefährliche, und das traf natürlich auch auf 1933 zu. Was wußten wir von der Sowjetunion? Fast gar nichts. Und das sich kennenlernen, das fehlt natürlich immer noch, weil auf beiden Seiten immer noch das Propagandaklischee herrscht.

Jeder Staat, ob Großbritannien, Frankreich oder Spanien, betreibt in seiner Botschaft irgendwie Propaganda. Das ist leider auch die Aufgabe der Diplomatie. Man kann es dem sowjetischen Botschafter hier nicht übel nehmen, wenn der nichts Schlechtes über die Sowjetunion sagt. Kein Diplomat sagt etwas Kritisches über das Land, das er vertritt, keiner, auch der deutsche nicht.

Ich möchte gern das Gespräch mit Ihnen abschließen. Einer Ihrer Kollegen, Heinrich Mann, hat folgendes gesagt: »Der Krieg mit allen seinen Opfern in endlosen Jahren hat kommen können, weil wir ihn kommen ließen. Nie wäre er gekommen, hätten wir es ihm nicht erlaubt. Seine Vorbereitung und sein Ausbruch hängen ausschließlich vom Willen der Menschen ab.« Können Sie dem zustimmen?

Heinrich Böll: Ja, natürlich. Aber die Frage ist, wie wir einen möglichen neuen Krieg, mit dem ja schon spekuliert wird, verhindern können. Wie man dieser, sagen wir frivolen Vorstellung, daß es einen neuen Krieg geben könnte, wie man der entgegentreten kann. Ich finde, wir, also die Sowjetunion und Deutschland, ich nehme ausnahmsweise beide zusammen, hätten allen Grund, eher das Gemeinsame zu entdecken, als das, was uns trennen mag. Das Gemeinsame ist die ungeheure Größe der Opfer, die beide Länder gebracht haben. Und das Traurige ist, daß das gar nichts Verbindendes zu haben scheint. Im Gegenteil, daß es propagandistisch zur Trennung ausgenutzt wird. Man müßte eigentlich die Gemeinsamkeit des Opfers entdecken, unabhängig von der politischen Konstellation im jeweiligen Land, ob das die DDR oder Polen, oder die Sowjetunion oder die Bundesrepublik Deutschland ist.

Wenn wir etwas gemeinsam kennengelernt haben, dann war es die Furchtbarkeit des Krieges.

Heinrich Böll: Das ist eine gute Verständigungsbasis. Und wir sollten uns nicht diese Verständigung durch einen neuen, sehr billigen Antikommunismus verbauen lassen, finde ich. Da kommt eine neue Welle dieser Art auf uns zu.

Lew Kopelew: Dem kann ich absolut zustimmen und vielleicht auch noch hinzufügen, daß man nicht vergessen darf, daß Kriege, heute vielleicht noch mehr als früher, von Staaten begonnen und von Völkern erlitten werden. Staaten und Völker – das sind ganz verschiedene Dinge. Die Kriege werden von Staatsmännern, von der Regierung vorbereitet, provoziert und angezettelt. Aber sterben müssen Millionen gewöhnlicher Menschen. Daran müssen wir immer denken. Das einzige, was wir dagegen machen können, ist, von dem, was war, und von dem, was ist, die Wahrheit zu erzählen, damit die Menchen sich besser kennenlernen. Ich bin ziemlich pessimistisch, wenn ich darüber nachdenke, wie man einem Kriege vorbeugen kann, heute, wenn er mit Satelliten geführt werden soll, mit Atomraketen, die ja am wenigsten von Völkern, von vielen Menschen, abhängen. Trotz alledem muß alles getan werden, um eine Kriegspsychologie nicht entstehen zu lassen. An das Gemeinsame denken, an die gemeinsamen Opfer, an die gemeinsamen Leiden. Und das soll uns vereinigen und nicht trennen.

Heinrich Böll: Und wie Du sagst, Völker sind ja nicht mit ideologischen Begriffen identisch. Was heißt das: »Kommunisten«? Sind die Bewohner der Sowjetrepubliken Kommunisten? Was sind wir? Christen etwa? Diese globale Bedenkung ganzer Kontinente mit irgendwelchen ideologischen Begriffen! Dann kommt es nämlich soweit, daß man denken kann, es sind sowieso nur Kommunisten. Gut, daß sie tot sind. Und selbst Kommunisten haben ein Recht zu leben, das möchte ich betonen.

Franz Burda – Wien

Auch der kleinste Beitrag für den Frieden ist wertvoll...

Zweimal in unserem Jahrhundert wurde die gesamte Menschheit in katastrophale Weltkriege hineingetrieben. War der erste entsetzlich genug, um in seinem Gefolge eine breite Welle der Friedenssehnsucht zu erzeugen, so war diese doch nicht groß genug, ein zweites Hineinschlittern in die Katastrophe zu verhindern.

Noch immer schwebt die Geißel des Krieges über der Menschheit. Wir leben in einer Periode ständiger kleinerer Kriege, und allzuleicht kann aus ihnen die Flamme eines dritten Weltbrandes emporschlagen. Einen dritten Weltkrieg würde die Menschheit kaum überleben. Zwei schreckliche Kriege sollten uns Menschen gelehrt haben: Entweder wir finden gemeinsam einen Weg, in Zukunft Kriege auszuschalten – für immer und ewig –, oder wir alle gehen bewußt den Weg in den gemeinsamen Selbstmord des Menschengeschlechts.

Die Aufgabe ist ungeheuer groß, doch sie ist lösbar. Um sie lösen zu können, ist auch der kleinste Beitrag von Bedeutung, der die positiven und auch negativen Erfahrungen aus dem Widerstandskampf im 2. Weltkrieg schildert. Aus diesem Grunde wurden diese Zeilen geschrieben.

Im Alter von knapp 24 Jahren übernahm ich im Februar 1943 einen gefährlichen Auftrag einer österreichischen antifaschistischen Widerstandsgruppe. Uns Widerstandskämpfern war klar, daß der Widerstand seine Kulmination in bewaffneten Aktionen finden mußte. Dazu bedurfte es aber auch intensiver Kontakte mit den gegen Deutschland kriegführenden Mächten. Mein Auftrag war einer der Versuche, solche Kontakte anzuknüpfen.

Für mich bedeutete die Übernahme dieses Auftrags einen Sprung über den eigenen Schatten. Mußte ich doch bereit sein, meine pazifistische Einstellung vorübergehend zurückzustellen, um mitzuhelfen, eines der unmenschlichsten Regime mit Waffengewalt niederzukämpfen. Legitimiert mit einem in russischer Sprache geschriebenen Brief eines jugoslawischen Widerstandskämpfers, adressiert an Georgij Dimitroff, ging ich als deutscher Soldat zu den Sowjets über. Den Namen des ersten Offiziers, dem ich vorgeführt wurde, sollte ich erst nach 38 Jahren erfahren: Es war Lew Kopelew. Kurze Zeit durfte ich mithelfen, Flugblätter an die deutschen Soldaten zu entwerfen, ehe sich meine und Kopelews Wege wieder trennten. Rückblickend aus heutiger Sicht muß ich allerdings bekennen: Die Absicht war gut, die Wirkung aber blieb aus. Meine Ratschläge zum Inhalt der Flugblätter deckten sich weitgehend mit Kopelews Auffassungen. Sie enthielten auch die gleichen Fehleinschätzungen. Unsere Flugblätter hatten im wesentlichen zweierlei Stoßrichtungen.

Zum ersten appellierten wir an den Willen der Hitlersoldaten zum Überleben. Doch zu jenem Zeitpunkt war der Schock der Niederlage von Stalingrad noch nicht wirksam, hingegen der Untertanengeist, der blinde Kadavergehorsam und Autoritätsglaube der deutschen Soldaten noch kaum erschüttert.

Noch größer scheint mir unser zweiter Gedankenfehler. Wir appellierten an die menschliche Anständigkeit und den Friedenswillen der »guten Deutschen«: »Helft mit, ein grausames Regime, das Eure Ehre besudelt, zu beseitigen!«

Ohne Zweifel hat es den »guten Deutschen« auch in jener schrecklichen Zeit gegeben, an ihn zu glauben war nicht unser Kardinalfehler. Der Fehler bestand eher darin, die Einsichtsfähigkeit der Deutschen überschätzt zu haben. Unsere Einsichten, geprägt von der breiten Antikriegsbewegung der Zwischenkriegszeit, waren nicht allgemein. Wir überschätzten deren Wirkung, während wir umgekehrt nicht wahrhaben wollten, wie stark bereits die faschistische Propaganda des Revanchismus, des Rassendünkels und Rassenhasses, des Herrenmenschentums das Bewußtsein der Deutschen und Österreicher vergiftet hatte.

Die Erwartungen der Antifaschisten wurden von unseren Landsleuten bis zum Kriegsende nicht erfüllt. Heute gibt es – sicherlich nicht in genügendem Ausmaß, aber immerhin existierend – eine breite Diskussion über die Notwendigkeit der Bewältigung unserer Vergangenheit. Was mir persönlich dabei fehlt, ist eine Einbeziehung des Verhaltens der überlebenden Widerstandskämpfer nach dem Kriege in diese Gespräche. Mir scheint – und ich bin meines Wissens der erste, der diesen Gedanken ausspricht –, daß die Enttäuschung über »das Versagen« der eigenen Landsleute manchen Antifaschisten bewog, sich »auf's hohe Roß« zu setzen:

»Wir wußten, was man tun mußte, wir haben unser Leben riskiert – und die anderen: dumm, feige und von Grund auf verdorben!«.

Jedoch: schon die bloße Existenz überlebender antifaschistischer Widerstandskämpfer ist für viele unserer Landsleute ein schwer zu bewältigendes Problem; nimmt sie ihnen doch die letzte Ausrede zur Beruhigung ihres Gewissens: »Man hat ja nichts dagegen tun können!« Um wieviel schwerer noch werden sich diese Menschen in die Reihen der Friedenskämpfer stellen können, wenn sie ständig angeklagt werden, den Krieg nicht verhindert zu haben. Dazu waren ja auch ihre »Ankläger« selbst nicht imstande.

Heinrich Graf von Einsiedel
Warum haben wir aufeinander geschossen?

Die Antwort auf diese Frage kannte ich schon lange bevor der erste Schuß gefallen war, nur konnte und wollte ich es damals nicht glauben.

Anfang November 1940 nahm mich ein Freund aus der Jugendbewegung mit von der Luftkriegsschule Werder/Havel nach Berlin in die Prinz-Albrecht-Straße. Hauptmann Karl-Heinz Greisert und Achim Peiper, der damalige Adjutant von Himmler, waren ebenfalls Freunde aus der bündischen Jugend und Greisert hoffte von Peiper zu erfahren, wie es nun eigentlich weitergehen sollte, nachdem die »Bomben auf Engelland« wenig greifbare Ergebnisse erbracht hatten. Ich lachte ihn aus: »Der wird Dir gerade erzählen, was Hitler jetzt vorhat.«

Doch Peiper war sehr gesprächig. »Ach England, wer will denn was von England«, winkte er geringschätzig ab. »Müssen wir doch nur miternähren, wenn wir es erobern. Unsere Ziele liegen ganz woanders. Im Osten, da wartet der Lebensraum auf uns, den wir brauchen, und den werden wir uns holen. Im nächsten Jahr geht es gegen Rußland. In sechs Monaten ist alles vorbei. Stalin hat die Rote Armee enthauptet, die ist nichts mehr wert. Hat ja der Finnlandkrieg gezeigt. So eine Gelegenheit kommt nie wieder. Wenn wir aber erst im Kreml sitzen, schließt England von allein Frieden.«

Greisert nahm das alles ernst: »Aber warum hat man dann noch die halbe Luftwaffe über England verheizt?« fragte er irritiert. (Er hatte als Gruppenkommandeur im Jagdgeschwader »Richthofen« die Luftschlacht über England mitgemacht.) »Das ist doch nicht zu fassen!« Peiper lächelte maliziös: »Da frag' mal lieber euern aufgeblasenen Hermann. Der hat dem Führer eingeredet, er macht alles mit der Luftwaffe allein. Aber da habt ihr euch wohl etwas übernommen.« Greisert überhörte die Seitenhiebe auf die Luftwaffe: »Und der 'Seelöwe'? War der ganze Aufmarsch nur Bluff?« Peiper wurde wieder sachlich: »Der sollte zusätzlichen Druck machen. Aber vor September wären wir doch nie soweit gewesen, um über den Kanal zu gehen, also viel zu spät im Jahr. Wenn der 'Seelöwe' ernst gemeint gewesen wäre, dann hätte man die Luftwaffe doch zurückgehalten, bis Heer und Marine soweit waren. Der Führer hat aber schon im Sommer entschieden, daß 1941 die Russen dran sind, lange bevor ihr nach England rübergeschwirrt seid.«

Ich glaubte Peiper kein Wort. Wenn ein Angriff auf Rußland geplant war, wäre das ja wohl das letzte gewesen, was er uns erzählt hätte. Ich erinnerte mich zwar dunkel, daß Hitler in »Mein Kampf« irgend etwas von Lebensraum im Osten geschrieben hatte, der für uns wichtiger sei als Kolonien, und daß die Juden Rußland zersetzt hätten. Aber er hatte auch geschrieben, Deutschland dürfe sich nie in einen Zweifrontenkrieg verwickeln lassen. Greisert sprach aus, was ich dachte. Doch Peiper wußte auch hier eine Antwort: »Was heißt hier Zweifrontenkrieg. Wo droht denn eine zweite Front? Selbst mit amerikanischer Hilfe brauchen die Engländer doch Jahre, ehe sie eine Landung auf dem Kontinent versuchen können. Bis dahin aber sind wir so stark – die werden sich das überlegen. Was meint ihr, was wir alles aus Rußland rausholen werden!«

Peipers Gerede ist natürlich nur ein Indiz in einer langen Kette von Beweisen, aus denen hervorgeht, daß die Idee, Deutschland auf der Grundlage riesiger territorialer Eroberungen im Osten zur Weltmacht zu erheben, das eigentliche Lebensziel Hitlers war, dem er alles andere untergeordnet hat. Aber damit ist noch nicht geklärt, wie er eigentlich soweit gelangen konnte, um mit einiger Aussicht auf Erfolg auch an die Verwirklichung dieser Idee gehen zu können, wie er die innenpolitischen Voraussetzungen dafür schuf, und welche internationale Lage ihm dazu verhalf. Davon soll hier die Rede sein.

Es gilt heute als besonders geistreich, Hitler irgendwie in die linke Ecke zu bugsieren. Eigentlich sei Hitler gar kein Faschist gewesen, wird uns in populären Anmerkungen versichert. Faschismus sei Oberklassenherrschaft, abgestützt durch künstlich erzeugte Massenbegeisterung. Hitler habe wohl die Massen begeistert, aber nicht, um die Oberklassen abzustützen. Er sei vielmehr Populist gewesen, ein zu absoluter Macht gelangter Volkstribun also, wenn man das richtig interpretiert, eine Art Verkörperung des »Aufstandes der Massen« – nach Gustave le Bon – gegen die kulturtragenden Oberschichten. Nicht die Linken seien seine gefährlichsten Gegner gewesen, sondern die alten Eliten. Sie seien die einzige Opposition gewesen, die ihm zu schaffen gemacht habe, die eine Chance hatten ihn zu beseitigen, und wenigstens auch den Versuch dazu gewagt hätten. »Von ihnen aus gesehen stand Hitler links.«

Das Elend des Krieges

Auf den Blickwinkel kommt es halt an. Am Nordpol blickt man in jeder Richtung nach Süden. Natürlich standen die Verschwörer vom 20. Juli, in alten und neuen parlamentarischen Begriffen gedacht, rechts, und natürlich hatten adlige Generalstabsoffiziere eher Gelegenheit, Hitler eine Bombe ins Flugzeug oder unter den Kartentisch zu legen, als Sozialdemokraten, Kommunisten oder christliche Gewerkschafter, besonders, wenn diese in der Nacht des Reichstagsbrandes ins KZ gekommen waren. Aber was beweist das schon?

Die Idee, Lebensraum im Osten zu erobern, war nun wirklich keine linke Idee. Das hatten die alten Eliten schon in Brest-Litowsk versucht, wobei sie sogar zu so »linken« – im Doppelsinn des Wortes – Mitteln gegriffen haben wie Finanzierung der Bolschewiki und Überstellung von fast 400 Revolutionären (darunter Lenin) nach Rußland. Hitler wollte genau das gleiche. Neu war bei ihm allenfalls das Ausmaß und die Radikalität seines Antisemitismus, der in gemilderter Form auch die Eliten beherrschte. Die Oberklassen waren ihm dabei nicht im Weg, sondern die Republik, das Parlament, die Parteien, die Gewerkschaften, die linken Intellektuellen. Darum wanderten nach der Machtergreifung Zehntausende von linken Opinionleadern ins KZ, wurden ermordet, außer Landes gejagt. Dann kam die Bartholomäusnacht, in der er sich derjenigen Anhänger entledigte, die selbst Oberklasse werden wollten – besser gesagt – wieder werden wollten, denn viele von ihnen kamen ja aus ihr. Gewiß, damals sind auch ein paar echte Vertreter der Oberklassen über Bord gegangen. Aber die Klasse als solche hat sich schnell mit dem Gedanken beruhigt, daß halt Späne fallen, wo gehobelt wird. Und daß gehobelt werden mußte, darin war man sich mit Hitler einig. Dann ging es zur Sache, und die hieß nun nicht, wie manche Konservativen befürchtet hatten, soziale Umwälzung, sondern Aufrüstung, nicht Sozialisierung, sondern Militarisierung, nicht Mitbestimmung, sondern »Herr im Hause«-Standpunkt, auf Nazideutsch: Führerprinzip. Der autoritäre Führerstaat, der dabei herauskam, war so wenig ein linkes Modell wie die Diktatur der Obersten Heeresleitung im ersten Weltkrieg, und er hatte den gleichen Zweck, den totalen Krieg. Kaiser Wilhelm hatte nur proklamiert: »Ich kenne keine Parteien mehr, ich kenne nur noch Deutsche.«

Hitler hat es realisiert, und die Oberklassen waren zufrieden. Hitler habe sich auf Massen gestützt, nicht auf Eliten, will man uns heute weismachen. Na, wer hat denn den ganzen Laden geschmissen in Heer, Verwaltung, Justiz, Diplomatie, Wirtschaft und Beamtenschaft? Es kam im Dritten Reich doch nicht auf KdF an oder NSKK, nicht mal auf die Gauleiter. Sogar die Gestapo wurde erst zu einem brauchbaren Instrument, als genügend alte Kriminalbeamte dort eingerückt waren. Nie wäre Hitler in lächerlichen acht Jahren soweit gelangt, wenn er sich auf seine Parteibonzen hätte verlassen müssen und sich nicht auf die alten Eliten hätte stützen können.

Gewiß, es gab Krisen auf dem Weg in den Krieg. Hitler hatte es eilig, sehr eilig, manchen Konservativen zu eilig. Sie warnten, bremsten, kämpften um das Vorrecht, ihn zu beraten, und erst, als sie erkennen mußten, daß dieser Mann nicht zu bremsen war, nicht zu beraten, daß er bereit war, va banque zu spielen – Deutschland wird entweder Weltmacht oder überhaupt nicht sein –, begannen sie zögernd zu erwägen, ob es nicht doch besser sei, ihn abzuhalftern. Aber sicher nicht, weil sie meinten, er stehe links von ihnen, sondern, weil sie endlich und leider zu spät begriffen hatten, was die Linke schon längst vor 1933 gewußt hat: Hitler – das ist der Krieg.

Übrigens waren diese Vertreter der alten Eliten, diese Konservativen, die auf ihre alten Tage noch zu Verschwörern wurden, alles andere als repräsentativ für diese Eliten, zu denen sie gehörten. Sie waren Außenseiter und so hoffnungslos isoliert in ihren Wirkungsbereichen, daß sie zu einem geradezu leninistischen Mittel griffen, um ihn doch noch zu bremsen, bevor er den Weltkrieg entfesseln konnte – sie verrieten die Angriffsabsichten gegen Polen, den Angriffstermin gegen Frankreich an den Feind, worüber noch heute sich manche rechte, konservative Nase rümpft.

Nun waren ja alle Aktionen Hitlers bis 1940 noch verhältnismäßig konventionelle Unternehmungen gewesen. Nur in Polen hatte sich gezeigt, was man im Dritten Reich unter der »Bodenpolitik der Zukunft« zu verstehen hatte. Erst mit dem Angriff auf Rußland sprengte Hitler alle bisher bekannten Maßstäbe. Noch nie in der Geschichte hatte eine europäische Großmacht eine andere mit dem Ziel angegriffen, sie einfach von der Weltkarte zu löschen, sich ihr Territorium einzuverleiben und die Bewohner auszurotten oder bestenfalls als Arbeitssklaven zu verwenden. Man sollte meinen, daß dieses ungeheuerliche Vorhaben, mit dem Deutschland sich aus der Gemeinschaft der Völker hinauskatapultierte und jeden Anspruch verlor, nach dem Krieg noch nach den Normen des Völkerrechts behandelt zu werden, die alten Eliten, die Konservativen, auf das höchste alarmieren mußte, daß sie nun ihre Anstrengungen vervielfachten, den »revolutionären« Volkstribun zu stoppen, zu stürzen. Aber nein – bei keinem Vorhaben Hitlers war der Widerstand so matt, so gelähmt, so inaktiv wie bei diesem. Selbst Generale, die 1939 noch kräftig konspiriert hatten, berauschten sich an dem Gedanken, die Sowjetunion sei nur aus Glas, ein Faustschlag genüge, und alles falle klirrend in sich zusammen. Wirtschaftsstäbe traten zusammen und berechneten gewissenhaft, wieviele 'zig Millionen – viele 10 Millionen – Sowjetbürger zu verhungern hatten, damit das Unternehmen sich rentierte. Juristen ersannen Verordnungen, mit denen die Unmenschlichkeit gegenüber den jüdisch-bolschewistischen Untermenschen und den minderwertigen Slawen in Bahnen gelenkt wurde, die nicht der »Manneszucht« der eigenen Truppe gefährlich werden konnten, und Warnungen wurden weniger wegen der Monstrosität der Planung erhoben als wegen einer befürchteten Unterschätzung des Gegners.

»Die Bolschewisten sind die Rache der Juden; muß man alle möglichst schnell totschlagen«, so der Kaiser noch – oder schon – in einer der letzten Kronratssitzungen 1918. Nach dem gleichen Motto trat am 22. Juni 1941 die Wehrmacht an. Das alte Feindbild triumphierte.

Am Sonntag, den 15. Juni 1941, besuchte ich – inzwischen Oberfähnrich auf der Jagdfliegerschule Werneuchen – in Berlin-Dahlem Professor Alfred Schmid. Er war Schweizer, Naturwissenschaftler, vor 1933 Führer des »Grauen Corps« und Mitbegründer des Kreises um die Zeitschrift »Gegner«, die eine Erneuerung Deutschlands durch einen unpolitischen, ideologiefreien »Aufstand der Jugend« propagierte. »In einer Woche geht es los«, sagte er mir. Ich hatte ihm schon im Winter von unserem Besuch bei Peiper erzählt. Da hatte er noch ungläubig den Kopf geschüttelt. Inzwischen waren aber so viele unserer gemeinsamen Freunde schon in Polen, daß man am Aufmarsch gegen Rußland kaum noch zweifeln konnte. Jetzt hatte er den genauen Angriffstermin erfahren. »Wenn wir das jetzt schon wissen, wird es sich ja vielleicht auch zu Stalin herumgesprochen haben«, entgegnete ich. Schmid sah mich ernst an. »Das wäre das beste, was passieren könnte«, sagte er. »Wenn Stalin morgen mobil macht, schrecken sie vielleicht noch zurück. Wenn nicht ... es gibt sowieso eine Katastrophe. Was wissen diese Banausen von Rußland, vom russischen Menschen. Rußland, das ist der Riese aus der Sage, den man von dem Boden lösen muß, aus dem er kommt, um ihn zu besiegen. Die Erde, die Heimat ist seine Mutter. Je tiefer man ihn in den Mutterleib zurückstößt, um so größere Kräfte wachsen ihm zu. Verstümmelt noch und aus tausend Wunden blutend wird er wieder hervorbrechen und mit Urgewalt zurückschlagen.« Ich fragte Schmid, wie er die Widerstandskraft des Sowjetsystems einschätzte. Schmid zuckte mit den Achseln: »Wer kann das wissen. Aber ich sage Dir eins: Wenn dieses System eine Rettung nötig hat, dieser Angriff wird sie ihm bringen, was immer die Bolschewisten dem Land angetan haben, es wird vergessen sein, wenn deutsche Knobelbecher vor Kiew oder Petersburg erscheinen. Wir kommen ja nicht als Befreier. Hinter Stalin wird plötzlich Mütterchen Rußland stehen und hinter Mütterchen Rußland das russische Volk, und dann England und vor allem Amerika. Selbst wenn das System schon im Sterben liegt, unser Angriff wird wie eine Adrenalinspritze, wie eine Bluttransfusion wirken. An Rußland geht Hitler zugrunde und mit ihm leider Deutschland!«

Erst in sowjetischer Gefangenschaft habe ich ganz verstanden, wovon Professor Schmid gesprochen hatte: Gezwungen, sich um den Preis des nackten Überlebens zu verteidigen, waren die Völker der Sowjetunion gezwungen, auch den Stalinismus zu verteidigen. Noch heute zehren die Neostalinisten im Kreml von der schein-

baren Rechtfertigung, die Hitlers Angriff dem Stalinismus geliefert hat, vom Mythos des Sieges im vaterländischen Krieg.

Als spätestens mit Stalingrad die Niederlage Hitlers besiegelt war, stellte sich für alle Beteiligten die Frage, wie man den Krieg beenden sollte.

Die Nazis hatten alle Brücken hinter sich abgebrochen und kannten nur noch einen Ehrgeiz – die Tür möglichst laut hinter sich zuzuschlagen. Ein lächerlicher Versuch, die Alliierten durch vorgetäuschte Separatfriedensverhandlungen im Osten noch auseinanderzudividieren, verdient nur deswegen erwähnt zu werden, weil der Regisseur der Komödie sie nach dem Krieg noch einmal aufgewärmt und der Sowjetregierung in die Schuhe geschoben hat, womit er im Kalten Krieg der fünfziger Jahre in der Publizistik und auch bei Historikern dankbare Zuhörer fand. So entstand die Legende von einem raffinierten Erpressungsmanöver der Sowjets gegenüber dem Westen.

Echte Versuche, zu separaten Verhandlungen zu kommen, haben in Wahrheit nur die Verschwörer vom 20. Juli unternommen, die immer wieder Fühler ausstreckten, ob der Westen nicht eventuell doch bereit sei, einen etwaigen Staatsstreich mit Zusagen gegenüber dem Osten zu honorieren. Sie wollten Deutschland möglichst nahtlos aus der Hitlerei in ein Westbündnis überführen und hofften dabei anfangs sogar, noch einige territoriale Arrondierungen Hitlers von 1938/39 mit über die Runden zu retten. Letzteres war selbstverständlich reine Illusion, und auch sonst waren sie damit ihrer Zeit um gut zehn Jahre voraus; selbst dann sollte die Westlösung nur um den Preis der Teilung Restdeutschlands möglich sein.

Der Westen reagierte auf diese Ansinnen mit der Forderung nach der bedingungslosen Kapitulation Deutschlands. Hinter ihr stand weniger konkrete Politik als das Versprechen an die Sowjets keinen Separatfrieden zu schließen. Aber Goebbels griff diese Forderung dankbar auf, um den totalen Krieg zu forcieren. In der Sowjetunion dagegen tat sich Merkwürdiges. Unmittelbar vor der Einkesselung der 6. Armee bei Stalingrad wandte sich Stalin in kaum verhüllter Form an die alten Freunde der Roten Armee aus den zwanziger Jahren in der Wehrmacht und erklärte in seiner Rede zur Revolutionsfeier, es sei nicht die Absicht der Sowjetunion Deutschland zu vernichten, sondern den Hitlerstaat, nicht die Wehrmacht zu vernichten, sondern die Hitlerarmee. Auch als sich die Sowjetregie-

rung der Forderung nach bedingungsloser Kapitulation anschloß, sprach Stalin ausdrücklich von Hitlerdeutschland, nicht von Deutschland im allgemeinen. Was er damit meinte, erhärtete er zehn Wochen später im Juli 1943 mit der Gründung des Nationalkomitees »Freies Deutschland« (und wenig später des Bundes Deutscher Offiziere). Vor die Wahl gestellt, die Wehrmacht in langen blutigen Kämpfen bis nach Berlin zu verfolgen und sich dann in Deutschland einem direkten Kräftevergleich mit dem Westen ausgesetzt zu sehen, oder sich mit einem noch halbwegs intakten Deutschland, das sich von Hitler getrennt hatte, auf dem Status quo ante zu arrangieren, optierte die Sowjetunion offensichtlich für die zweite Möglichkeit: »Die Vernichtung jeder organisierten militärischen Kraft in Deutschland ist vom Standpunkt des Siegers unzweckmäßig.« Offenbar war es für die Sowjets unvorstellbar, daß die Oberklasse es zulassen werde, daß Hitler Deutschland mit in seinen Untergang hineinriß. Sie gaben ihr einen Wink, unter welchen Voraussetzungen eine aus einem Staatsstreich hervorgegangene deutsche Widerstandsregierung den Bestand des Reiches – vielleicht sogar in den Grenzen von 1937 – bewahren könne: »Mit jedem Tag des Krieges wird Deutschland schwächer, ohnmächtiger, schuldiger. Wird Hitler nur durch die Waffen der Koalition gestürzt, wäre das das Ende unserer nationalen Freiheit, die Zerstückelung unseres Vaterlandes. Mit Hitler schließt niemand Frieden, niemand wird auch nur mit ihm verhandeln.« Eine deutsche Regierung aber, die den Krieg abbreche und die Wehrmacht auf die Reichsgrenzen zurücknehme – also alle besetzten Gebiete in Ost und West freigebe – könne Friedensverhandlungen einleiten und Deutschland in die Gemeinschaft der Völker zurückführen. So der Text des Manifestes des Nationalkomitees. Keine Versprechungen, schon gar keine auf einen Separatfrieden im Osten. Dagegen nüchterne Bestandsaufnahme bei gleichzeitiger brutaler Verdeutlichung der voraussehbaren Folgen einer Fortführung des Krieges.

Was immer die Sowjetunion sich von diesem Manöver versprochen haben mag – Komitee und Offiziersbund sprachen die gleiche Sprache, benutzten die gleichen Argumente, die die Verschwörer in ihren Denkschriften und Proklamationsentwürfen verwendeten. In den Rundfunksendungen aus Moskau und in der Frontpropaganda sprachen sie das aus, was die Verschwörer dachten und wollten, aber dem deutschen Volk und der Wehrmacht nicht sagen konnten. Es war ein verzweifelter Versuch, der Verschwörung durch Aufklärung von außen jene Basis und jenen Rückhalt in Volk und

Wehrmacht zu verschaffen, die sie so bitter nötig gehabt hätte, um erfolgreich zu sein. Denn, daß man das Nazisystem nicht mit ein paar Telefonapparaten beseitigen konnte, solange Volk und Wehrmacht noch an Hitler glaubten, sondern dazu auch ein paar Truppeneinheiten brauchte, deren Kommandeure bereit waren, gegen Hitler zu kämpfen, daran zweifelte im Komitee niemand.

Es ist schwer nachzuvollziehen, was in den Köpfen der Verschwörer eigentlich vorgegangen ist, als sie diese unerwartete Schützenhilfe aus dem Osten erhielten. Ihre dazu überlieferten Äußerungen sind von entwaffnender Oberflächlichkeit. »In Gefangenschaft! So etwas tut man doch nicht!« Eine politische Analyse des Inhalts, dessen was da in Moskau gesagt wurde, fand nicht statt. Die Erfahrung von Stalingrad, die die Autoren hinter sich hatten, zählte nicht. Der Absendeort gefiel nicht, und das genügte.

Noch heute tragen die Überlebenden und die Familienangehörigen der Opfer des 20. Juli einen besonderen Stolz zur Schau, wie sorgfältig man sich die Ohren vor den »Sirenenklängen aus dem Osten« verschlossen habe: »Wir wollten ja schließlich nicht den Teufel mit dem Beelzebub austreiben.« Als ob es darum gegangen

Deutsche Kriegsgefangene stellen ein Propagandaplakat her

wäre. Nein, es ging im Gegenteil darum, den Teufel selbst auszutreiben und dies nicht dem Beelzebub zu überlassen. Es ging darum, die Feuer in den Krematorien von Majdanek und Auschwitz selbst zu löschen und nicht zu warten, bis die Rote Armee kam und es für uns tat.

Was hatte denn Deutschland 1943 noch zu verlieren? Verloren war alles, einschließlich der Ehre. Was zu gewinnen war, ist Spekulation – bis auf ein paar Kleinigkeiten: Millionen Menschenleben konnten gerettet werden, Dutzende von Städten. Millionen brauchten nicht in Gefangenschaft zu geraten, furchtbare Grausamkeiten und Kriegsverbrechen wären nicht begangen worden. Das deutsche Ansehen wäre wenigstens teilweise wiederhergestellt gewesen, wenn die Waffen schwiegen. Und hätte es einer deutschen Widerstandsregierung vielleicht geschadet, wenn sie beim Sturz Hitlers bereits eine Art Botschafter in Moskau gehabt hätte in Gestalt des Nationalkomitees?

Die Westmächte, unsere heutigen Verbündeten, hatten keine Skrupel wegen des Beelzebubs. Ihnes war es ganz recht, daß er die Armeen des Teufels kräftig zur Ader ließ, bevor sie auf dem Kontinent erschienen. Sie planten die Zerstückelung Deutschlands, seine Entindustrialisierung, die Ost-West-Verschiebung Polens. Auf sie zu warten, blieb ein Warten auf Godot. »Das Scheitern des 20. Juli gibt Hitler Gelegenheit, alle Kräfte, die das Vordringen des Kommunismus nach Mitteleuropa noch aufhalten könnten, mit in seinen Untergang zu ziehen!« so der Kommentar eines führenden deutschen Kommunisten in Moskau am 22. Juli 1944.

Die Option, die die Sowjets auf einen Putsch genommen hatten, war verfallen. Nun sahen sie keine Alternative mehr, als die Faustpfänder, die ihnen bei der Verfolgung der Wehrmacht in die Hände fielen, fest in den Griff zu nehmen, sie zu einem Glacis gegen den Westen auszubauen. Das zeugte weder von Weitsicht, noch entsprach es einer höheren politischen Moral. Doch beides war in jenen Tagen überall Mangelware. Das Glacis ist inzwischen sehr brüchig geworden und bringt ihnen mehr Belastungen als Entlastungen. Das ist aber ein schwacher Trost für die Möglichkeiten, die damals versäumt worden sind.

»Kein äußerer Feind hat uns Deutsche jemals so tief ins Unglück gestürzt wie Hitler.« Dieser Satz steht im Manifest des Nationalkomitees. Die Völker der Sowjetunion können das gleiche von Stalin sagen, und sie könnten hinzufügen, daß noch kein Staatsmann in der Geschichte sein Volk, sein Land so fahrlässig, so verblendet, so unvorbereitet dem Angriff eines zum äußersten entschlossenen Feindes ausgesetzt hat wie Stalin. Peipers Behauptung, die Rote Armee sei nichts mehr wert, entsprach ja nicht abwegigem SS-Wunschdenken, sondern der Wirklichkeit. Keine Armee ist noch kampffähig, in der die eigene Regierung 70 bis 90 Prozent des gesamten Offizierskorps im Range höher als Major als angebliche Verräter und Spione füsilieren oder einsperren läßt, wie es in der Sowjetunion 1937/38 geschehen ist.

Die Rote Armee führerlos, das Land nach einem zehnjährigen Holocaust von Zwangskollektivierung, Liquidierung von acht Millionen Bauernwirtschaften und wahnwitzigen »Säuberungen« in tiefer Resignation; weder die Polen noch die baltischen Staaten gewillt, sich von diesem Staat beschützen zu lassen; der Westen anscheinend unbeirrbar auf Appeasementkurs; im Osten die Japaner – das war die Lage, in die Stalin die Sowjetunion manövriert hatte, als Hitler auf Polen losging. Was konnte er tun? Kriegführen mit Hitler? Wie, wo und womit? Tatenlos zusehen, wie Hitler ganz Polen schluckte und damit seine Aufmarschräume bis nach Wilna und Dünaburg und kurz vor Kiew vorschob? Oder sich mit Hitler über eine Teilung Polens verständigen? In München haben die Westmächte Zeit und Raum verloren, als sie vor Hitler zurückwichen. Stalin hat Zeit und Raum gewonnen, als er am 23. August auf das Wohl des Führers trank, von dem er wisse, »wie sehr ihn das deutsche Volk liebt«. Das war nicht gerade ehrenvoll, aber er sah keine andere Wahl mehr – hatte wohl auch keine. Zum vollendeten Verrat wurde dieser schmähliche Handel erst, als sich die Sowjetunion in den folgenden Monaten, ohne irgendwie bedrängt zu sein, voll hinter Hitler, gegen die Westmächte stellte, ihm zu seinen Siegen gratulierte und ihm Tribut zahlte, indem sie seine Kriegsvorräte eilfertig auffüllte. Und dann das allerschlimmste, unverzeihliche Verbrechen, daß er alle Warnungen, die er über den bevorstehenden Angriff Hitlers erhielt, in den Wind schlug. Bis heute haben seine Erben nicht gewagt, die Hintergründe dieses Verhaltens aufzudecken.

Unendliche Opfer wären den Völkern der Sowjetunion erspart geblieben – vielleicht sogar der ganze Krieg –, wenn Stalin, wie Professor Schmid noch am 15. Juni hoffte, als Antwort auf den deutschen Aufmarsch mobil gemacht hätte. Selbst wenn Hitler nicht mehr zu bremsen gewesen sein sollte – es unterlassen zu haben, die Armee, das ganze Land zu alarmieren, in höchste Verteidigungsbereitschaft zu versetzen, sondern es im Gegenteil gegen besseres eigenes Wissen geradezu eingeschläfert zu haben, ist wohl das furchtbarste Verbrechen des Stalinismus und zugleich ein einmaliges historisches Exempel für die verheerenden Folgen mangelnden Verteidigungswillens und fehlender Verteidigungsbereitschaft gegenüber einem unberechenbaren Gegner.

Der 2. Mai 1945 in Berlin

Werden wir möglicherweise in absehbarer Zeit wieder aufeinander schießen?

Verzicht auf Verteidigungsbereitschaft gegenüber einem unberechenbaren Gegner kommt einer Einladung zum Angriff gleich – ob nun aus übersteigertem Sicherheits- oder reinem Expansionsstreben. Unberechenbar ist jedes Land, dessen Regierung in den Händen einer kleinen Herrschaftsschicht liegt, deren Handlungen sich jeder öffentlichen Kontrolle entziehen, die die öffentliche Meinung lückenlos kontrolliert und manipuliert und dem eigenen Volk die elementarsten Freiheitsrechte vorenthält. Andererseits dürfen wir Deutschen nicht vergessen, daß die Erben Stalins genau so von dem Trauma von 1939 und 1941 verfolgt werden wie der Westen vom Trauma München.

Da sich heute zwei bis an die Zähne bewaffnete Militärblöcke gegenüber stehen, die sich mit Argusaugen gegenseitig überwachen, wird der nächste Krieg nicht wegen eines klaren Aggressionsaktes der einen Seite ausbrechen, sondern wegen eines als Aggression mißverstandenen Aktes, den die Seite, die ihn begeht, noch für einen im Rahmen der Verteidigung und Besitzstandswahrung legitimen Akt der eigenen Sicherung hält. Wessen Besitzstand heute mehr gefährdet ist, der des Westens oder der der Sowjetunion, ist wohl ziemlich eindeutig. Das Gleichgewicht zwischen Behutsamkeit und Festigkeit im Umgang mit dem Kreml dürfte daher für die Friedenssicherung heute von mindestens ebenso entscheidender Bedeutung sein wie das rein rüstungstechnische Gleichgewicht.

Vieles, was hierzulande zum speziellen deutsch-sowjetischen Verhältnis gesagt wird, ist für die Bewahrung dieses Gleichgewichts nicht gerade hilfreich. Unser mit dem Tode von annähernd zwanzig Millionen Sowjetbürgern belastetes Schuldkonto ist weitgehend über den Sturm in Vergessenheit geraten, den wir geerntet haben, wo wir nicht Wind, sondern Orkan gesät hatten. Das Schicksal der deutschen Kriegsgefangenen in der Sowjetunion, die barbarischen Übergriffe der Roten Armee beim Eindringen in Deutschland, die Oder-Neiße-Linie, die Vertreibung, die Teilung Deutschlands, die Mauer – wir haben teuer bezahlen müssen für den 22. Juni 1941. Anlaß für Emotionen ist auf beiden Seiten genug vorhanden. Tun wir das Unsrige, um sie abzubauen.

Otto Engelbert
Schule des Propagandisten

Ein Zufall war es, daß ich im März 1943, einige Wochen nach der Gefangennahme im sogenannten Kessel von Demjansk (genauer: Kessel-»Schlauch«) auf eine Frontschule zur politisch-weltanschaulichen Umerziehung geriet. Das war ein recht bescheidenes Institut, in leeren Räumen eines größeren Holzhauses am Rand der Stadt Waldai, und unsere erste Tätigkeit bestand darin, aus bereitliegenden Balken und Brettern die notwendige Einrichtung zusammenzuzimmern. Niemand von uns etwa 30 ausgewählten Schülern oder »Kursanten« wußte zunächst, was man von uns wollte. Wir blieben, weil uns Freiwilligkeit zugesichert worden war.

Mich reizte es besonders, daß es hier Bank und Stuhl, Papier und Bleistift, schließlich sogar Bücher gab. Mehr zu essen als im Lager gab es nicht – entgegen der Hoffnung einiger, die auch daraus ihre Konsequenz zogen und ins Lager zurückgingen.

Was uns ferner hielt, war die Person des Leiters, eines Majors Kopelew, auch »der schwarze Major« genannt. Im Umgang mit ihm bekam man wieder das Gefühl, ein Individuum, ein Mensch zu sein statt eines anonymen, allenfalls durch Abzählen in der Kolonne wahrnehmbaren Wesens. Leider war er nur zeitweilig anwesend, wegen vielseitiger Funktionen an der Front und im Hinterland. Er glaubte an den Sieg der Sowjetunion wie an den Sieg der gerechten Sache, und er glaubte daran, daß dieser Sieg auch unsere Probleme – als Einzelne wie als Volk – auf's beste lösen werde. Dies vor allem gab Menschen, schwebend zwischen Vergangenheit und Zukunft, wie es Gefangene nun einmal zu sein pflegen, so etwas wie eine »Perspektive«.

Doch insgesamt betraten wir den Boden neuer Einsichten und Erkenntnisse, die uns von Emigranten und nicht immer sehr sprachmächtigen sowjetischen Offizieren geboten wurden, nur sehr zögernd und an deren Tragfähigkeit zweifelnd. Ich meine mit »uns« oder »wir« jetzt und weiterhin einen kleinen Freundeskreis, bestehend aus Julius, Hans und mir – Bibliothekar, Journalist und gebildeter Kaufmann, bürgerlich-intellektuell –, sich mehr oder weniger abhebend von der Mehrzahl weniger Gebildeter oder aus Arbeiterkreisen stammender Teilnehmer.

Mit uns dreien unterhielt sich Major Kopelew gerne und des öfteren. Er stellte uns auch besondere Aufgaben des Korrigierens, Redigierens und schließlich sogar gelegentlich das Entwerfen von Flugblättern. Das trug uns den Spitznamen »die Redaktion« ein. Wir vertrauten uns und vertrauen uns auch offen unsere Meinungen und Einsichten an.

Daß der Krieg mit einer Niederlage für Deutschland enden würde, sahen wir sehr bald ein. Doch lag darin schon eine Rechtfertigung für unser Verhalten, für unsere Tätigkeit hier auf der Feindseite? Ja gewiß, es bot sich vielleicht die Möglichkeit eines gewissen Einflusses in einer unwirklich fernen Nachkriegszeit, ein Mitspracherecht, das Böses zum Besseren wenden konnte. Vielleicht.

Inzwischen zog die Schule zweimal um, ins Gebiet des ehemaligen Demjansker-Kessels. Unser Kursus schloß ab, ein neuer wurde aus anderen Gefangenen zusammengestellt, und wir drei von der »Redaktion« blieben vorläufig, um die Neuen mit zu betreuen. – Das »Nationalkomitee Freies Deutschland« und der »Bund Deutscher Offiziere« entstanden, und schließlich erlebten wir sogar einen Besuch von General Seydlitz höchst persönlich, in Begleitung von Oberst van Hooven.

Einerseits bestätigte und bestärkte dies unser Gefühl, auf dem rechten Weg zu sein. Andererseits behob es keineswegs die Zweifel. Schon deshalb nicht, weil wir die so spät und zahlreich herüberkommenden Generäle weder für kompetent noch integer genug hielten, die Zukunft herbeiführen zu können. Da wollten wir uns schon lieber den Russen zur Verfügung stellen.

Darüber war Herbst 1943 geworden. Fast alle Teilnehmer des ersten Kursus, viele auch des zweiten, waren an die Front geholt worden, wie es hieß zu aktiver Propaganda-Arbeit. In einem Nebenhaus waltete ein Frontbeauftragter des Nationalkomitees, »Herr Gefreiter Emil Kr.«, wie er auf schwarz-weiß-rot umrandetem Briefbogen drucken ließ, von uns mit Mißtrauen beobachtet. Es hieß, er habe Befugnis, Männer in deutscher Uniform und mit falschen Papieren über die Frontlinie ins Hinterland schicken zu können.

Um diese Zeit zog Major Kopelew während einer Besprechung einen Packen Fotografien aus der Tasche und bat uns, sie anzusehen. Es waren Aufnahmen von Hinrichtungen, die meisten durch Erhängen. Einzeln oder in Gruppen umstanden den Schauplatz Männer in deutschen Uniformen, den Opfern am nächsten wohl die Henker, von Wichtigkeit geschwellt. Die gehenkten Zivilisten mochten Partisanen sein, Helfer, Verdächtige oder Geiseln.

Erhängte Partisanen.
Das Foto wurde bei einem gefallenen deutschen Soldaten gefunden.

Seit meiner Zeit bei einer rückwärtigen Einheit in Staraja Russa wußte ich um solche Aktionen, auch um ihre seltsame Anziehungskraft auf manche Menschen. Zwei oder drei der Aufnahmen aber zeigten eine riesige Grube. So weit man von oben hineinsehen konnte, war ihr Boden mit nackten Leichen bedeckt. Am Rande dieser Grube standen im Abstand von einigen Metern zwei Männer in Uniform, jeder ein nacktes Opfer vor sich, dem er den Lauf seiner Pistole in den Nacken drückte.

Im Hintergrunde aber drängte sich, von Bewaffneten umringt, eine kaum zu zählende Menge nackter Männer und Frauen: die nächsten Opfer in Erwartung und in Angesicht ihres Endes.

Man sagte uns, daß man diese Fotos bei deutschen Soldaten gefunden habe, bei Gefallenen und Gefangenen, oder in verlassenen Bunkern. Offenbar führten ihre Besitzer sie bei sich als »Souvenirs«. Keiner von uns dreien vermochte sich zu äußern. Was sollten hier Worte?

Noch draußen vor der Tür und auf dem Heimweg herrschte Schweigen. Bis einer sagte: »Ich glaube, Genossen, wir sollten unseren Auftrag etwas ernster nehmen als bisher.«

Unfaßbares war geschehen und geschah noch, täglich, vielleicht stündlich. Und das geschah, wenn auch ohne unseren Wunsch und Willen, doch in unserem Namen. Wir waren mitverantwortlich.

Kurze Zeit darauf wurden Julius und Hans an die Front versetzt. Ich stellte einen Antrag an die Schulleitung, in dem ich bat, mich ins deutsch besetzte Hinterland zu schicken, zu Kameraden einer Einrichtung im rückwärtigen Gebiet bei Porchow, deren konfessionell bedingte Vorbehalte gegen Krieg und Nationalsozialismus ich zu kennen glaubte.

Das hatte keine Wirkung. Erst am 4. Dezember 1943 kam auch ich »an die Front«, zunächst zu einem Armeestab, von da zu einer Division und bis in die vorderste Linie. Mit dem Grabenlautsprecher konnte ich noch im Juni 1944 den Kameraden auf der anderen Seite die Nachricht über die Invasion, die Landung alliierter Truppen in der Normandie, übermitteln. Dann wurde ich wegen einer Meinungsverschiedenheit mit einem sowjetischen Offizier – als »Befehlsverweigerung« ausgelegt – strafweise ins Lager zurückgeschickt.

Beim Abschied im Dezember 1943 hatte Major Kopelew gesagt: »Und wir, Genosse Engelbert, wir werden beim Wiedersehen in Berlin nach dem Kriege gemeinsam ein Theater besuchen.«

Das war mir in manchen späteren und schweren Zeiten so etwas wie ein Ziel und ein Trost.

Die Flugblätter des Majors Lew Kopelew

Für die folgenden Beispiele sowjetischer Frontpropaganda wurden Flugblätter, Tarnschriften und Zeitungen aus der umfangreichen Sammlung von Lew Kopelew verwendet.

Die Abbildungen sind größtenteils verkleinert reproduziert, aus Gründen besserer Lesbarkeit sind einige Reproduktionen – beispielsweise aus großformatigen Tarnschriften – nur in Ausschnitten und teilweise auch in anderer typografischer Anordnung veröffentlicht. In jedem Falle sind die Satz-Vorlagen aus den Original-Flugschriften verwendet worden.

Lew Kopelew

Wort als Waffe

Es ist längst bekannt, daß die Krieger im Altertum von ihren Führern, von Sängern und Tempelpriestern zu ihren Kämpfen und Entbehrungen ermuntert wurden. Die Gegner aber wurden mit Schlachtrufen, drohenden Gebärden eingeschüchtert, verflucht, beschimpft und verspottet.

Die Generäle der Französischen Revolution und der Kaiser Napoleon ermunterten nicht nur ihre eigenen Truppen mit ausdrucksvollen, sehr pathetischen Befehlen und Ansprachen, sie versuchten auch, auf die gegnerischen Soldaten mit Flugblättern und zweckdienlicher Flüsterpropaganda einzuwirken.

Im ersten Weltkrieg entstanden bereits systematisch entwickelte Strategien und Taktiken einer psychologischen Kriegsführung, die sowohl auf die kämpfende Truppe wie auf die Zivilbevölkerung im Feindesland einwirken sollte. Im russischen Bürgerkrieg 1918–1921 waren die ideologischen Waffen – Flugblätter, mündliche Propaganda, Broschüren, Zeitungen – manchmal wirksamer als die anderen Waffen, lösten Meutereien aus, erzwangen die Kapitulation ganzer Truppenteile.

Lew Kopelew an der
2. Belorussischen Front
im Juni 1944

Vor dem zweiten Weltkrieg entstanden in den meisten Ländern besondere militärische Dienststellen, Kampfzellen des zukünftigen psychologischen (ideologischen) Krieges. Bei der sowjetischen Armee, damals noch »Rote Bauern- und Arbeiterarmee« genannt, sah das System so aus:

Zur höchsten politischen Verwaltung der Roten Armee (Glaw PURKKA) gehörte die »7. Verwaltung für die Arbeit im Heer und der Zivilbevölkerung«. Entsprechende 7. Abteilungen (Verwaltungen) bestanden bzw. waren vorgesehen in den Politverwaltungen jeder Front (Heeresgruppe), »7. Unterabteilungen«* in den Politabteilungen jeder Division und in dieser Politabteilung der Division ein besonderer »Instrukteur für die Arbeit (gemeint ist Propaganda) mit feindlichen Soldaten und Zivilisten«. Außerdem waren bei jedem Frontstab besondere Organisationen – Redaktionen und Druckereien – in den Sprachen der eventuellen Gegner vorgesehen.

Doch bereits in den ersten Monaten des Krieges mußten alle die früher aufgebauten und vorgesehenen Organisationen gründlich geändert werden.

Bis September 1941 wurden alle Flugblätter und Broschüren für die Deutsche Wehrmacht in Moskau bei der zentralen 7. Verwaltung verfaßt und verlegt. Die entsprechenden Abteilungen, Unterabteilungen und Instrukteure sollten nur für ihre Verbreitung sorgen.

Man warf sie aus Kampf- und Aufklärungsflugzeugen, verschoß sie mit speziellen »Propaganda-Granaten«. Spähtrupps und Partisanen verstreuten sie hinter der gegnerischen Frontlinie. Die an der Front eingesetzten Propaganda-Offiziere waren verpflichtet, Gefangene und Überläufer zu befragen, erbeutete Feldpost, Presse, militärische und persönliche Dokumente, abgehörte Funkgespräche und anderes Material analytisch zu erforschen und ausführliche Berichte über die »moralisch-politische« Situation, über Stimmungen in der Wehrmacht und im Hinterland an die Zentralverwaltung sowie an das Frontkommando zu schicken. Selbst für die mündliche Propaganda in der vordersten Linie – bis zum Herbst 1941 dienten dazu Lautsprecherautos – durften nur die aus Moskau erhaltenen Texte verwendet werden.

Die Sinnlosigkeit und Schwerfälligkeit eines solchen »Zentralismus« wurde bald erkannt, zunächst an der Front; die Redaktionen

---

* So übersetze ich die russischen Begriffe »Otdel« – Abteilung; »Otdelenije« – Unterabteilung, »Uprawlenije« – Verwaltung.

Passierschein	Пропуск
Jeder deutsche Soldat ist berechtigt, mit diesem Passierschein die Front zu überschreiten und sich den Russen gefangenzugeben. Das Kommando der Roten Armee garantiert dem Kriegsgefangenen das Leben, gute Behandlung und die Heimkehr nach dem Kriege.	Каждый немецкий солдат имеет право с этим пропуском переходить через фронт в плен к русским. Командование Красной Армии гарантирует пленному жизнь, хорошее обхождение и возвращение на родину после войны.

Passierschein aus dem Abreißheftchen »Der Weg zum Frieden«

der fremdsprachigen Frontzeitungen waren relativ »autonomer« als die 7. Abteilungen.

Im August 1941 schickte die »Zentrale« unter anderem auch recht dumme Flugblätter an die Front – zum Beispiel Übersetzungen offen antideutscher Feuilletons aus der sowjetischen Tagespresse oder TASS-Meldungen über die Vernichtung ganzer deutscher Divisionen, auch solcher, die noch kaum zum Einsatz gekommen waren. Ich las so ein Flugblatt, in dem unter den vernichteten Wehrmachtseinheiten die 11 ID erwähnt wurde, ausgerechnet an dem Tag, als wir in der Nähe von Nowgorod einige Soldaten und Offiziere dieser Division gefangen genommen hatten.

Sie war erst am Vorabend in die HKL gekommen und hatte noch gar kein richtiges Gefecht mitgemacht. Darüber schrieben wir – meine Kameraden und ich – empörte Meldungen; solche unwahren Behauptungen konnten unsere Propaganda ja nur diskreditieren. Das Wehrmachtskommando hat diese Meldungen damals auch entsprechend bewertet. Bei den Truppen der 16. Armee (Generaloberst Busch) war es erlaubt, unsere Flugblätter nicht nur zu lesen, sondern sogar als »Frontsouvenir« aufzubewahren unter der einzigen Bedingung: deutlich draufzuschreiben »Feindpropaganda«.

Im September 1941 wurde auch den Abteilungen der Politverwaltungen an den Fronten (Heeresgruppen) erlaubt, eigene Flugblätter an Ort und Stelle zu verfassen und zu verlegen, im Sommer 1942 erhielten diese Erlaubnis auch die Unterabteilungen in den Armeen. Die Zeitungsredaktionen wurden den 7. Abteilungen direkt untergeordnet.

Proletarier aller Länder, vereinigt euch!

Rundfunkrede des Stellvertreters des Vorsitzenden des Rates der Volkskomissare der UdSSR und des Volkskomissars des Äusseren Genossen V. M. Molotow am 22. Juni 1941

BÜRGER UND BÜRGERINNEN DER SOWJETUNION!

Die Sowjetregierung und ihr Haupt Genosse Stalin haben mich beauftragt folgende Erklärung abzugeben:

Heute um 4 Uhr morgens haben deutsche Truppen, ohne irgendwelche Ansprüche der Sowjetunion gegenüber zu erheben, ohne Kriegserklärung unser Land überfallen, unsere Grenzen an vielen Stellen angegriffen und unsere Städte Kiew, Sevastopol, Kaunas und einige andere bombardiert, wobei über 200 Personen getötet und verwundet worden sind. Auch vom rumänischen und finnischen Territorium her erfolgten Luftangriffe und Artilleriefeuer.

Dieser unerhörter Überfall auf unser Land ist ein in der Geschichte der zivilisierten Völker beispiellos dastehender Treubruch. Der Überfall auf unser Land ist verübt worden, ungeachtet dessen, daß zwischen der UdSSR und Deutschland ein Nichtangriffsvertrag abgeschlossen ist, und daß die Sowjetregierung mit aller Gewissenhaftigkeit alle Bedingungen dieses Vertrages erfüllte.

Der Überfall auf unser Land ist ausgeführt worden, ungeachtet dessen, daß während der ganzen Wirkungsdauer dieses Vertrages die Regierung Deutschlands nicht ein einziges Mal irgendwelche Ansprüche der UdSSR gegenüber erheben konnte in Bezug auf die Erfüllung des Vertrages. Die ganze Verantwortung für diesen räuberischen Überfall auf die Sowjetunion tragen vollauf die faschistischen Machthaber Deutschlands.

Schon nach dem stattgefundenen Überfall gab mir, als dem Volkskomissar des Äußeren, der deutsche Botschafter in Moskau Schulenburg um 5 Uhr 30 Minuten im Namen seiner Regierung die Erklärung ab, daß die deutsche Regierung beschlossen hat, in einen Krieg mit der UdSSR zu treten im Zusammenhange mit der Konzentrierung von Truppenteilen der Roten Armee an der deutschen Ostgrenze.

Als Antwort darauf teilte ich im Namen der Sowjetregierung mit, daß die deutsche Regierung bis zur letzten Minute keinerlei Ansprüche der Sowjetregierung gegenüber geäußert hat, daß Deutschland die UdSSR überfallen hat, trotz der friedliebenden Stellungnahme der Sowjetunion und daß eben damit das faschistische Deutschland die angreifende Seite ist.

Im Auftrage der Regierung der Sowjetunion muß ich auch erklären, daß unsere Armee und unsere Luftwaffe an keiner

Sowjetisches Flugblatt in deutscher Sprache zum Überfall auf die Sowjetunion einzigen Stelle eine Grenzverletzung verübt haben und daß daher die heute morgen abgegebene Erklärung des rumänischen Rundfunks, die sowjetische Flugwaffe habe rumänische Flugplätze beschossen, von Anfang bis zu Ende Lüge und Provokation ist. Eine ebensolche Lüge und Provokation ist die ganze heutige Deklaration Hitlers, welcher versucht, rückdatierend Anklagematerial zusammenzubrauen bezüglich der Nichteinhaltung des sowjetisch-deutschen Paktes seitens der Sowjetunion.

In dieser Stunde, wo der Überfall auf die Sowjetunion bereits stattgefunden hat, hat die Sowjetregierung unserer Armee den Befehl erteilt, den räuberischen Überfall zurückzuschlagen und die deutsche Armee vom Territorium unserer Heimat zu vertreiben.

Dieser Krieg ist uns nicht vom deutschen Volk, nicht von den deutschen Arbeitern, Bauern und der Intelligenz aufgezwungen, deren Leiden uns gut bekannt sind, sondern von der Clique der blutgierigen faschistischen Machthaber Deutschlands, die die Franzosen, Tschechen, Polen, Serben, Norweger, Belgien, Dänemark, Holland, Griechenland und andere Völker versklavt hat.

Die Regierung der Sowjetunion bringt ihre unerschütterliche Zuversicht zum Ausdruck, daß unsere ruhmreiche Armee und Flotte und die kühnen Falken der sowjetischen Luftwaffe ehrenvoll ihre Pflicht der Heimat, dem Sowjetvolk gegenüber erfüllen und dem Agressor einen vernichtenden Schlag versetzen werden. Nicht zum ersten Mal hat unser Volk mit einem angreifenden übermütigen Feind zu tun. Auf den Feldzug Napoleons gegen Rußland antwortete unser Volk seinerzeit mit dem vaterländischen Krieg, und Napoleon erlitt eine Niederlage, brach zusammen. Dasselbe wird auch geschehen mit dem übermütigen Hitler, der einen neuen Feldzug gegen unser Land eröffnet hat. Die Rote Armee und unser ganzes Volk werden wiederum einen siegreichen vaterländischen Krieg führen für die Heimat, für die Ehre, für die Freiheit.

Die Regierung der Sowjetunion bringt ihre feste Zuversicht zum Ausdruck, daß die ganze Bevölkerung unseres Landes, alle Arbeiter, Bauern und die Intelligenz, Männer und Frauen, sich mit dem gebührenden Bewußtsein zu ihren Pflichten, zu ihrer Arbeit verhalten werden. Unser ganzes Volk muß jetzt zusammengeschlossen und einig sein wie nie zuvor. Jeder von uns muß von sich und von den anderen fordern Disziplin, Organisiertheit, Selbstlosigkeit, würdig eines echten Sowjetpatrioten, um alle Bedürfnisse der Roten Armee, Flotte und Luftwaffe zu befriedigen und den Sieg über den Feind sicherzustellen.

Die Regierung ruft euch auf, Bürger und Bürgerinnen der Sowjetunion, eure Reihen noch fester um unsere ruhmvolle bolschewistische Partei, um unsere Sowjetregierung, um unseren großen Führer Genossen Stalin zu schließen.

Unsere Sache ist gerecht. Der Feind wird geschlagen werden. Der Sieg wird unser sein.

Allmählich wurden unsere Flugblätter konkreter, richteten sich nicht mehr allgemein an die deutschen Soldaten, sondern an bestimmte Truppenteile in einer bestimmten Gegend (der Front); für die Texte unserer Flugblätter benutzten wir Briefe und Tagebücher toter oder gefangener Wehrmachtsangehöriger. Im Herbst kamen dann auch die ersten tragbaren Lautsprechergeräte zum Einsatz, die man in der vordersten Linie einsetzen konnte. Dann begannen wir direkt auch Bataillone und Kompanien anzusprechen, die in unmittelbarer Reichweite lagen. Die Texte verfaßten wir an Ort und Stelle, manchmal halfen uns dabei Gefangene oder Überläufer, und es wurden Offiziere und Unteroffiziere namentlich aufgefordert, sich und ihre Mannschaften vor dem unvermeidlichen Tod in die Gefangenschaft zu retten. An der Nordwest-Front (in den Wehrmachtsberichten hieß dieser Abschnitt »Südlich des Ilmensees«) – wo ich von August 1941 bis November 1943 eingesetzt war, entstand die Parole, die nachher auch von den Moskauer Flugblatt-Autoren übernommen wurde: »Rettet euch selbst vor Krieg und Tod; gefangen–gerettet ist das Gebot.«

Im Winter 1941/42 änderte sich bei der Wehrmacht die Einstellung zu unseren Flugblättern grundsätzlich. Die frühere Gelassenheit war weg. Auflesen, Lesen und Aufbewahren von Feindpropaganda-Erzeugnissen wurden unter Strafe gestellt. Das war das Ergebnis nicht nur – oder auch ein wenig – der verbesserten Qualität unserer Flugblätter und Frontzeitungen, vor allem aber der veränderten Kriegslage: schwere Niederlagen und Rückschläge der Wehrmacht an einigen Frontabschnitten im Osten (vor Moskau, vor Rostow, und vor Charkow und anderswo), englische Erfolge in

Deutsche Rheinlandschaft,
Abbildung aus dem Passierscheinheft »Der Weg zum Frieden«

Afrika, die wahnwitzige Kriegserklärung Hitlers an die USA, zunehmende Luft-Bombardierung der deutschen Städte – all das lieferte uns überzeugende Argumente, den deutschen Soldaten den »wahren Sinn« des Krieges zu erklären.

Was wir sowjetischen Armee-Propagandisten damals schrieben und sagten, daran glaubten wir auch aufrichtig. Daß das Nazi-System eine verbrecherische menschenfeindliche Tyrannei sei, die Krieg und Völkermord zum Ziel und Inhalt ihrer Existenz erklärt hatte, wußten wir seit 1933. Wir waren überzeugt, daß die Hitlerei nicht nur den anderen Völkern, sondern vor allem auch Deutschland und den meisten Deutschen unsagbare Leiden, Schmach und Verderben bringen würde und daß die Anfangserfolge, die berauschenden Siege der ersten »Feldzüge« in West und Ost und Süd, die unabwendbaren Rückschläge nur härter und schwerer machen würden.

Meine Freunde und ich, die wir deutsch lesen konnten, hatten »Mein Kampf« aufmerksam gelesen, ebenso viele andere Schriften und Reden der Nazi-Führer und -Ideologen, vor dem Krieg wie jetzt an der Front, wo wir uns als wichtigste Kriegsbeute Zeitungen besorgten und tagtäglich Rundfunksendungen hörten. (Seit August 1941 habe ich alle Hitler- und Goebbels-Reden gehört, sie wurden von unseren Tontechnikern für uns aufgenommen, so daß wir sie, wenn wir sie nicht unmittelbar am Apparat abhören konnten, weil wir möglicherweise anderes zu tun hatten, später doch im vollen Umfang »genießen« konnten). Darum kannten wir auch die wahren Ursachen und Gründe des Krieges, und eben dieses Wissen hat (andererseits) unsere Treue und Ergebenheit für den sowjetischen Staat bestimmt. Alle Zweifel, Ängste und Widerstände, die vor dem 22. Juni 1941 das grausame Stalinsche Regime noch in uns erweckt hatte, waren über Nacht anachronistisch geworden. Es hieß ja, gemeinsam einen unbarmherzigen, mörderischen Feind abzuwehren.

Und Stalins Haltung – wie sie uns bekannt war –, sein selbstmörderisches Vertrauen zu Hitler, seine verbrecherischen Taten und Pläne, die Millionen Menschen bei uns und in anderen Ländern Tod, Leiden und Vertreibung brachten, erkannten wir ja erst viel später, erschien uns in allen Kriegsjahren als die eines weisen, umsichtigen Feldherrn und Volksführers. Als er im Februar 1942 schrieb: »Die Hitler kommen und gehen, das deutsche Volk aber und der deutsche Staat bleiben«, da zweifelten wir nicht, daß er es ernst meinte, denn das war uns ja aus dem Herzen gesprochen, so dachten ja als überzeugte Internationalisten wir selbst seit jeher.

Titelblätter sowjetischer Tarnschriften

Deswegen waren die Front-Propaganda-Offiziere in allen Flugblättern, in allen Ansprachen über die Graben-Lautsprecher, die wir an die deutschen Soldaten richteten, unbedingt aufrichtig. Wir glaubten selbst an das, was wir ihnen sagten.

Im Frühjahr 1943 wurde an der Nordwest-Front eine »Antifaschistische Schule« für Kriegsgefangene und Überläufer eingerichtet. Eine Zentralschule dieser Art existierte schon vorher im KGF-Lager in Krasnogorsk bei Moskau. Auch an einigen anderen Frontabschnitten entstanden später ähnliche Lehranstalten. Die »Absolventen« – ein Lehrgang dauerte nicht länger als drei bis vier Monate, in den Jahren 1944/45 wurden sie noch kürzer – trugen manches zur inhaltlichen und sprachlichen Verbesserung unserer Flugblätter bei.

Nachdem im Sommer 1943 das »Nationalkomitee Freies Deutschland« und der »Bund deutscher Offiziere« gegründet wurden, übernahmen diese einen großen Teil der propagandistischen »Waffengänge« auch an den Fronten. Bevollmächtigte des NK gab es bald bei allen Front-Polit-Veranstaltungen, bei vielen Armee-Politabteilungen und auch bei manchen Divisionen. Ausdrückliche Befehle und Instruktionen der obersten Polit-Dienststellen verboten den sowjetischen Propaganda-Offizieren, im Namen des NK Freies Deutschland zu sprechen und zu schreiben. Entsprechende Texte durften nur von deutschen Autoren verfaßt, von deutschen Sprechern vorgelesen werden. Die Zensur mußte sich auf Kürzungen und »Ratschläge« beschränken, unter keinen Umständen durften wir etwas dazuschreiben, ergänzen oder »umformulieren«. Doch das war schon ein weiteres, ein anderes Kapitel in der Geschichte der antifaschistischen Kriegspropaganda, die am 22. Juni 1941 begonnen hat.

Die meisten der in diesem Band vorgestellten Flugblätter und Frontzeitungen sind von der Nordwest-Front, die bis November 1943 bestand und den Raum vom Ilmensee bis Welish (östlich Witebsk) umfaßte. Als ich im November 1943 auf Urlaub kam, habe ich sie mitgenommen, und so blieben sie erhalten. Das Propagandamaterial aus den folgenden Monaten wurde mir bei der Verhaftung im April 1945 abgenommen.

Heute auf die ersten Kriegsjahre zurückblickend, im bittern Bewußtsein all der grausamen Erlebnisse und Erfahrungen, die mich in nachfolgenden Jahrzehnten bewegten, manche Grundsätze mei-

ЛОЗУНГИ

1. Ди Ротэ Армэй гарантирт аллен кригсгефангэнэн: гутэ бэхандлюнг, гутэс эссэн, зихерэ хаймкэйр нах кригс - эндэ.

2. Зольдатэн! Дэнкт ан ойрэ мюттер, ан ойрэ фрауэн унд киндер. Рэттэт ойэр лейбэн! Комт цу унс!

3. Штирбт нихьт фюр Хитлер. Лейбт фюр ойрэ либэн. Рэттэт ойэр лейбэн! Комт цу унс!

4. Дэр криг бринѓт ойхь нур дэн зихерэн тод одэр дас крюппэль - дазайн. Рэттэт ойэр лейбэн! Гейбт ойхь гефангэн!

5. Вэн ойхь унзэрэ варнунг нихьт триффт, трэффэн ойхь унзэрэ кугэльн. Вэр абэр им фойэр хайль бляйбт, дэйн пакт геноссэ фрост! Ди айнциге рэттунг ист ди гефангэншафт!

Deutschsprachige Losungen in kyrillischer Lautschrift für Sprecher der sowjetischen Frontpropaganda. Beispielsweise lautet Text Nr.1:
Die Rote Armee garantiert allen Kriegsgefangenen: gute Behandlung, gutes Essen, sichere Heimkehr nach Kriegsende.

ner früheren Weltanschauung von Grund auf umdenkend und manches, was ich früher mit bestem Wissen und Gewissen als überzeugter Kommunist – Lenins Schüler und Stalins Soldat – getan habe, heute als gemeine und sinnlose Missetat bewertend, so bleiben doch die Erinnerungen an diese Arbeit an der Front so gut wie unverändert.

Das, was wir damals gesagt und getan haben, brauche ich nicht zu bereuen. Es war ja für uns wirklich ein Verteidigungskrieg gegen böse Gewalt. Daß nachher, als es in große Siege mündete, unsere eigene Regierung diese mit unzähligen Opfern erkämpften Siege für ihre menschenfeindliche Gewalt- und Eroberungspolitik mißbrauchen würde, haben wir nicht geahnt und nicht gewollt.

Die Waffe, die wir Propaganda-Offiziere im Kriege führten, die Waffe des Wortes, hat nicht nur den Widerstand des Gegners geschwächt; 1944, im Sommer in Bjelorußland und dann im Herbst und Winter in Polen, 1944–1945 an der Weichsel und an der Narew – wirkte unsere Propaganda immer effektiver – und diese Propaganda hat auch tausenden deutschen Soldaten das Leben gerettet und manche von ihnen sogar zu unseren Freunden, zu selbstlos tapferen Antifaschisten gemacht. Daß viele von ihnen dann nachher wieder schwere Enttäuschungen erleben mußten, gehört zu den grausigsten Eigenarten unseres Jahrhunderts und der wechselreichen tragischen Schicksale unserer Völker. Doch ich glaube, daß weder die Entwicklung, die von den »Meilensteinen« – 17. Juni 1953 DDR, 1956 Ungarn, 1968 Tschechoslowakei, 1980 Afghanistan – gekennzeichnet ist, noch daß alle die anderen schlimmen Erfahrungen der Nachkriegsjahre den Charakter des Zweiten Weltkrieges ändern können, auch nicht den Sinn des am 22. Juni 1941 begonnenen Vaterländischen Krieges, den Russen, Ukrainer, Bjelorussen und alle Völker der Sowjetunion führen m u ß t e n.

Rettet Euer Leben!

Lesen und weitergeben! Gib dich gefangen! Rufe laut: „Prachtschaj", Moskwa! Daloj Gitlera!". D. h. „Leb wohl, Moskau! Nieder mit Hitler!"

Soldatenfreund

Jahrgang 2.   März 1942.   Nr. 12.

SONDERAUSGABE
für die Männer
**der Totenkopf-Division
der Waffen-**⚡⚡

Wird Deutschland vernichtet werden? – Nein!

Stalin über die Ziele der Roten Armee und die Zukunft Deutschlands

„Manchmal schwatzt man in der ausländischen Presse, dass die Rote Armee sich zum Ziel setze, das deutsche Volk auszurotten und den deutschen Staat zu vernichten. Das ist natürlich eine dumme Lüge und plumpe Verleumdung gegen die Rote Armee. Solche idiotischen Ziele hat die Rote Armee nicht und kann sie auch nicht haben. Die Rote Armee setzt sich das Ziel, die deutschen Okkupanten aus unserem Lande zu vertreiben und den Sowjetboden von den deutsch-faschistischen Eindringlingen zu befreien. Höchst möglich ist es, dass der Krieg für die Befreiung des Sowjetlandes zur Vertreibung bzw. Vernichtung der Hitlerclique führen wird. Wir würden einen solchen Ausgang begrüssen. Es wäre aber lächerlich, die Hitlerclique dem deutschen Volke, dem deutschen Staate gleichzusetzen. Die Erfahrungen der Geschichte besagen, dass die Hitlers kommen und gehen, das deutsche Volk aber und der deutsche Staat bleiben bestehen".

*(Aus dem Befehl an die Rote Armee
v. 23.2.1942 № 55)*

Aus der Titelseite der sowjetischen Tarnschrift »Soldatenfreund« Nr. 12, März 1942. Aus Gründen besserer Lesbarkeit ist der Original-Text dieser und der folgenden Seiten neu geordnet.

Im Zeichen des Totenkopfs

Erst war das bloss eine fesche Kokarde. Wie kam das alte Seeräuberwappen auf die Bärenmützen der Husaren des alten Fritzen und der Mackensenhusaren im Weltkrieg — das ist ein besonderes Kapitel... Aber die blonden Jungen der „Totenkopf"-Divisionen und -Brigaden der Waffen-SS empfanden ihr unheimliches Abzeichen als Symbol einer ruhmreichen kriegerischen Tradition.

DIE FELDZÜGE IM WESTEN

schienen nur noch mehr zu dieser Tradition beizutragen. Damals ging alles ganz flott, und man schwelgte im süssen Ruhmrausch, im Lobgejubel der Presse, des Rundfunks, der Wochenschauen. Man glaubte sich unbesiegbar, und keiner wollte darüber nachdenken, dass die Siege über Polen und Holland, Belgien und Frankreich eigentlich mehr auf Statistik als Heldentum beruhen. Es waren ja 10 gegen 1 im Durchschnitt, als die deutschen Panzerdivisionen über die kleinen friedlichen Staaten und über das im voraus von seinen Lavals verratene Frankreich herfielen. Doch alles schien so, wie es die geschwätzigen Naziführer bunt ausmalten, und der Totenkopf am Helm und im Kragenspiegel galt als Todeszeichen für den Gegner, — die mit dem Totenkopf gekennzeichneten sollten todbringend für alle Feinde sein...
Nun kam aber

DER KRIEG GEGEN RUSSLAND.

Hier versuchte man es auch mit der bewährten Methode — die nichtsahnenden Russen wurden treubrüchig überrascht. Dadurch gelang es, in den ersten Monaten vorzudringen. Die Russen jedoch wehrten sich zäh und hartnäckig; man sprach von „Bestien" und „vertierten asiatischen Untermenschen", nur um die schlichte Wahrheit zu verleugnen, dass es Männer sind, die für ihre Freiheit und ihre Heimat selbstaufopfernd kämpfen.

Und in diesem Kampfe schon gewann das Totenkopfzeichen einen anderen Sinn. Bereits im Juli in den ersten schweren Gefechten vor Sebesh und Opotschka verlor die „Totenkopf"-Division des Gruppenführers Eicke bereits 40% ihrer Gefechsstärke. Das 2. Regiment musste aufgelöst werden. Tausende Holzkreuze säumten die Marschstrassen der Division, und zum ersten Mal ging die Parole von dem „Himmelfahrtskommando" durch.

Dann kamen die erbitterten Kämpfe an der Lowat und Pola, das schreckliche Gemetzel vor Lushno und Ssuchaja Niwa, und der monatelange zermürbende Stellungskrieg. Von den alten SS-Männern, die seit dem ersten Tag im Einsatz waren, blieben nur einzelne noch, die Jungen aus dem Ersatz waren zumeist schon keine Freiwilligen

Aus »Soldatenfreund« Nr. 12, März 1942

mehr, sondern eingezogene, kaum ausgebildete Knaben. Sie ließen kaum noch eine Spur von Begeisterung für den Hitlerkrieg merken. Die Zahl der Überläufer, der Selbstverstümmler stieg von Woche zu Woche... Die Latrinenparolen von Ablösung, Weihnachtsurlaub udgl. erwiesen sich ebenso grundlos, wie die **allerhöchste Latrinenparole** von dem Entscheidungssieg „noch vor dem Einbruch des Winters". Unaufhörlich wuchsen die Reihen der Holzkreuze.

Im Februar schloss sich

DER RING UM DIE 16. ARMEE

(Heeresgruppe Busch). Der Totenkopf wurde nun zum schrecklichen Sinnbild des eigenen Schicksals.

JETZT BIST DU AN DER REIHE
(Falls du dich nicht gefangengibst)

Aus »Soldatenfreund« Nr. 12, März 1942

Die Stabsherren und diejenigen, denen der Krieg notwendig und nützlich war, die sich nach Rittergütern und Aktienpaketen, nach fetter russischer Beute sehnten, türmen jetzt in Transportflugzeugen; die sturen Fanatiker, die an alle albernen Hitlerlügen von der „bolschewistischen Gefahr", „zweitem Versailles" udgl. blind glauben, wollen immer noch für ihren Verführer sterben, wollen den verzweifelten Widerstand bis zum letzten Mann fortsetzen.

Tausende blutjunger deutscher Männer, die das verhängnisvolle Totenkopfzeichen tragen, sind nun bewusst dem Tode preisgegeben. Was kann sie heute noch retten?

Als Division — nichts mehr. — Keine von den südlich des Ilmensees eingeschlossenen Divisionen kann nunmehr auf Rettung hoffen.

Aber das Leben der betrogenen SS-Jungen, das Leben aller SS-Männer und -Führer, die es nur selbst wollen, kann erhalten werden.

Das einzige Mittel dafür — ist die bedingungslose Kapitulation.

Wer die Waffen streckt, wenn er auch allein auf eigene Faust handelt, ist seines Lebens sicher und kommt nach Kriegsende wohlerhalten nach Hause zurück. Wer weiter kämpft, ist des Todes, und sein sinn- und ruhmloser Tod in weiter Fremde wird niemandem nützen.

Deutschland, erwache!— Hitler, verrecke!

Zweieinhalb Jahre dauert der Krieg, den Deutschland führt. In Strömen fliesst das Blut der Völker. In ganz Europa sind die Lazarette mit verwundeten deutschen Soldaten gefüllt. Trostlos sieht es in Deutschland aus — Trauer, bange Sorge um die Männer im Felde, Elend, Hungersnot, zerstörte Städte, dahinsiechende Landwirtschaft, Massenerkrankungen der Kinder... Nur ein kleines Häufchen der Plutokraten und des hohen Beamtentums lebt ohne Sorge. Das Volk aber leidet unsäglich und verblutet mit jedem Tag, mit jeder Minute...

DIE RIESENKATASTROPHE IST IM ANZUG.

An den schnellen Siegen im Westen und auf dem Balkan berauscht, versuchte Hitler das friedliche Sowjetland in einem plötzlichen Einbruch zu überrumpeln und die freien Völker der Sowjetunion zu versklaven. Die Vorteile der Überraschung ausnützend, haben die Deutschen in den ersten Kriegsmonaten die Rote Armee zurückgedrängt und um den Preis der schrecklichen Blutsopfer (die im Durchschnitt 1 Million pro Monat ausmachten) eine Reihe von Sowjetgebieten besetzt.. Die harten Kämpfe haben die Kampfkraft der deutschen Wehrmacht untergraben. Die Rote Armee aber füllte sich indessen mit neuen Lebenskräften und ging dann auf allen Hauptabschnitten der gewaltigen Front zur Offensive über.

Diese Offensive schreitet erfolgreich fort; die Russen fallen immer tiefer in den Rücken der Deutschen ein, umgehen ihre Stellungen, kesseln sie ein.

Aus »Soldatenfreund« Nr. 12, März 1942

Tarnschriften der sowjetischen Frontpropaganda

rechts: Flugblatt vom Februar 1942,
oben eine handschriftliche Notiz von Lew Kopelew über Datum und Auflage des Flugblattes

N Y C3 P   7.2.42   35.000

An die Soldaten der 290. ID und 32. ID

Soldaten!

Die vormarschierende Rote Armee ist schon weit nach Westen und Süden vorgedrungen. Alle Straßen westlich und südlich von Demjansk sind von unseren Truppen besetzt.

Ihr seid im Kessel!

Widerstand ist zwecklos. Aber eure Kommandeure zwingen euch durch Todesdrohungen den sinnlosen Kampf fortzusetzen.

Das Kommando der Roten Armee fordert Euch auf unverzüglich die Waffen zu strecken.

Alle, die weiterkämpfen, werden restlos vernichtet!

Allen, die sich freiwillig gefangengeben, wird garantiert: das Leben, gute Behandlung und sichere Heimkehr nach Kriegsende.

Zögert nicht: morgen wird es zu spät sein!

Kommando der Roten Armee der Nordwest-Front.

LESEN UND WEITERGEBEN!

7 Gebote zum Erhalten des Lebens

1. Wähle einen günstigen Augenblick. Z. B., wenn Du Wache stehst, oder im Auftrage Deine Kompanie verlässt, oder bei einem Spähtruppunternehmen bist und auf die russischen Stellungen zugehst. Benütze jede Gelegenheit. Falls die Rotarmisten angreifen, so gehe in Deckung und warte ruhig, bis sie herankommen. Dann hebe die Hände hoch und rufe „Sdajus" („Ich ergebe mich") oder gehe ihnen mit erhobenen Händen entgegen mit denselben Worten.

2. Nütze die Dämmerung und die Nacht aus — dann kannst Du am ehesten unbemerkt zu den Stellungen der Roten Armee hinübergehen.

3. Wenn Du allein bist, richte Dich, sobald Du ca. 150—200 m von den Russen bist, auf und hebe die Hände. Nicht heranschleichen, denn sonst kann ein Posten auf Dich schiessen.

4. Wenn Du mit einer Gruppe Kameraden kommst, dann müsst Ihr besonders darauf Acht geben, dass Ihr den Russen nicht verdächtig erscheint. Hebt die Hände hoch, macht Euch durch Zurufe „Sdajus" und andere Zeichen bemerkbar.

5. Wenn Du Waffen mitnimmst, sorge dafür, dass sie auch aus der Weite keine Feindseligkeit vermuten lassen. Hänge das Gewehr vorne um den Hals auf, hebe beide Hände hoch; nimm den Stahlhelm ab.

6. Gebrauche alle möglichen äusseren Zeichen, die von Deiner Friedfertigkeit zeugen: schwenke ein weisses Tuch, ein Flugblatt mit dem „Passierschein", rufe wiederholt:

Doppelseitiges Flugblatt mit Verhaltensregeln für die Gefangennahme

„*Sdajús, ne streläjte*" (Ich ergebe mich, nicht schiessen), oder „*sdajömsja*" (wir ergeben uns).

7. Glaube nicht denen, die erzählen, dass die Russen entweder überhaupt keine Gefangenen machen, oder ihre Gefangenen misshandeln und nach Sibirien zu schweren Arbeiten verschleppen.

Das alles sind alberne Lügen. Die Russen sind ehrliche Kämpfer für die Freiheit ihrer Heimat und zugleich auch Internationalisten ihrer Weltanschauung nach. Deutsche Soldaten und Offiziere, die die Waffen gestreckt haben, werden von ihnen menschlich und kameradschaftlich behandelt. Selbstverständlich müssen die kriegsgefangenen Soldaten in Betrieben und in der Landwirtschaft arbeiten. Aber ihre Arbeit wird gesetzlich geregelt; **der Arbeitstag darf nicht über 10 Stunden dauern, die Arbeit wird nach allgemeinen landesüblichen Normen bezahlt.**

Folge diesen Geboten, und Du wirst Deinen Lieben das bittere Witwen- und Waisenlos ersparen, wirst Dein Leben retten und nach Kriegsende gesund und munter in die Heimat wiederkehren.

Sterbe nicht für Deine Verführer!

Lebe für Deine Lieben, für die Zukunft Deiner Heimat!

Gib Dich gefangen!

Dieses Flugblatt gilt als Passierschein durch die Front für eine unbegrenzte Zahl von Soldaten und Offizieren

СЛУЖИТ ПРОПУСКОМ ЧЕРЕЗ ФРОНТ
ДЛЯ НЕОГРАНИЧЕННОГО ЧИСЛА
СОЛДАТ И ОФИЦЕРОВ

Da in letzter Zeit immer mehr deutsche Soldaten und Offiziere freiwillig in die Gefangenschaft gehen, wird darauf hingewiesen, dass sie es auch ruhig ohne Passierschein machen können. Passierscheine sind **nicht unbedingt notwendig.**

LESEN UND WEITERGEBEN!

Gib Dich gefangen! Rufe laut: „Praschtschäj, Moskwä! Daloj Gitlera!" Das heisst: „Leb wohl, Moskau! Nieder mit Hitler!"

Der Frühling naht

Den kommenden Frühling versuchen die Herren vom Hitlerstab jetzt dazu auszunützen, um den verzweifelten Landsern, vor allem denen, die im Kessel liegen, neue Hoffnungen einzuflößen.

Manche hoffen auch wirklich, daß der Frühling einen neuen deutschen Vormarsch und sogar—was man nur hoffen kann!—den seit langem versprochenen Sieg bringt.

Die Geschichte wiederholt sich:

Im Sommer hoffte man auf den „Blitzkrieg" in 6—8 Wochen.

Im Herbst hoffte man auf den Entscheidungssieg „noch vor Einbruch des Winters" (Hitlers Befehl v. 2. Oktober).

Im Winter hoffte man auf warme Kleidung, Ablösung und Urlaub, zumindest aber auf einen ruhigen „Stellungskrieg".

Um alle diese Hoffnungen wurden die Soldaten betrogen.

Jetzt hofft man auf den Frühling, und diese Hoffnungen sind noch grundloser.

Was verspricht der Frühling?

Der Wintervormarsch der Roten Armee war nur ein Vorspiel zum neuen gewaltigen Vormarsch, der erst in kommenden Wochen in voller Wucht sich entfalten wird.

Euch verspricht man eine „Frühjahrsoffensive", das ist aber purer Betrug, denn Hitler hat ja keine Reserven für eine große Offensive. Die in aller Eile aus Frankreich herangeholten Reservedivisionen sind unvollständig ausgerüstet und bestehen aus physisch minderwertigen und nur notdürftig ausgebildeten Soldaten. Diese „Reserven" sind im wahrsten Sinne des Wortes Kanonenfutter und werden nichts an der Lage im Osten ändern können.

Die Rote Armee jedoch hat im Laufe des Herbstes und Winters

Doppelseitiges Flugblatt vom Frühjahr 1942

viele neue, gut ausgerüstete Einheiten aufgestellt, die ganz frisch und gut ausgebildet sind. Diese Divisionen rücken schon heran, um in die entscheidenden Frühjahrsschlachten einzugreifen. Auch die Überlegenheit der russischen Luftwaffe und Artillerie ist nun wohl für jeden Landser klar.

Euch verspricht man Versorgung mit Munition und Lebensmitteln auf dem Luftwege. Aber die überall verstreuten rauchenden Trümmer von abgeschossenen Transportflugzeugen strafen diese Versprechungen Lüge.

Der Krieg ist bereits entschieden!

Hitlers Kriegsmaschine läuft zwar noch, und der eitle Gernegroß kann vielleicht noch unter blutigsten Opfern einige örtliche Erfolge erzielen. Aber die Soldaten der eingekesselten 16. Armee (Heeresgruppe Busch) werden diese, vielleicht noch möglichen Erfolge, nicht mehr erleben.

Denn das Tauwetter (wenn sie überhaupt noch bis zum Tauwetter irgendwie durchhalten) wird ihnen das sichere Verderben bringen. Da wird kein Transportflugzeug weder landen noch starten können; zerfahrene Wege, Moor und Sumpf werden die deutschen Truppen vollkommen unbeweglich machen während den Partisanen und den Stoßtrupps der Roten Armee alle geheimen Waldpfade bekannt sind.

Die Soldaten und Offiziere der 12., 30., 32., 123., 215., 225., 290. JD, der „Totenkopf"-Division und aller kleineren Einheiten im Kessel um Demjansk können nur des einen gewiß sein:

Wer die Lenzsonne nochmal sehen will, muß sich gefangengeben.

Die Gefangenschaft ist die einzige Rettung.

Weiterer Widerstand bringt nur den Tod.

Gilt als Passierschein durch die Front für unbegrenzte Anzahl von Soldaten und Offizieren

СЛУЖИТ ПРОПУСКОМ ЧЕРЕЗ ФРОНТ
ДЛЯ НЕОГРАНИЧЕННОГО ЧИСЛА
СОЛДАТ И ОФИЦЕРОВ

Warum kämpft der Rotarmist so zäh?

Bei dem erfolglosen Angriff auf Strelizy (26.10.–3.11. d. J.), als die Einheiten von 7 deutschen Divisionen gegen die russischen Verteidigungsstellungen anstürmten, konnten die deutschen Soldaten sich wieder einmal von der beispiellosen Zähigkeit und Ausdauer der russischen Truppen überzeugen. Trotz dem Feuer von über 100 Geschützen, trotz massenweisem Einsatz von Stukas und Panzern, konnte die geballte deutsche Kräftegruppe nicht die geringste Bresche in der russischen Verteidigung schlagen.

Ein Bataillon des IR 503 (290. ID) versuchte 2 Tage lang einen vorgeschobenen russischen Bunker einzunehmen, der eine Besatzung von... 9 Mann hatte. Drei mal griffen Stukas den Bunker an, Panzer nahmen an vier Angriffen teil, Ari und Granatwerfer beschädigten den Bunker, und dennoch — jedes Mal, als die deutsche Infanterie vorstürmte, traf sie wohlgezieltes Feuer. Alle Angriffe scheiterten. Über 100 deutsche Leichen bedeckten das Vorfeld des Bunkers. 9 heldenhafte Verteidiger, — von denen 4 verwundet waren, das Schlachtfeld jedoch nicht verlassen wollten, — blieben Sieger über ein ganzes Bataillon.

Ähnlichen Beispielen begegnet man auf Schritt und Tritt.

Nicht umsonst staunt heute die ganze Welt über den Heldenmut der Rotarmisten und Kommandeure, die Stalingrad verteidigen. Nicht umsonst bewundert die Welt den Heldenmut der Verteidiger Leningrads, Sewastopols, Odessas und anderer russischer Städte.

Und der deutsche Soldat fragt sich:

Die Seiten 1 bis 3 eines vierseitigen Flugblattes vom Dezember 1942

Woher stammt diese Tapferkeit?

Die Antwort darauf gab STALIN in seinem bekannten Befehl Nr. 55:

*„Die Stärke der Roten Armee liegt vor allem darin, dass sie keinen Raubkrieg, keinen imperialistischen Krieg, sondern einen vaterländischen Krieg, einen gerechten Krieg führt... Die Aufgaben der Roten Armee bestehen darin, unser Sowjetterritorium von den deutschen Eindringlingen zu befreien, vom Joch der deutschen Eindringlinge die Bürger der Dörfer und Städte zu befreien, die vor dem Kriege frei waren und wie Menschen lebten, während sie jetzt unterdrückt sind und unter Plünderungen, Ruin und Hunger leiden, endlich unsere Frauen von der Schmach und Schändung zu befreien, die sie von den faschistischen deutschen Unmenschen zu erdulden haben. Was kann edler und erhabener als diese Aufgabe sein?.. Jeder beliebige Soldat der Roten Armee darf mit Stolz sagen, dass er einen gerechten Befreiungskrieg für die Freiheit und Unabhängigkeit seines Vaterlandes führt. **Die Rote Armee hat ihr edles und erhabenes Kriegsziel, das sie zu Heldentaten begeistert.**"*

Was ist es, was der Rotarmist mit solcher Entschlossenheit verteidigt?

Die siegreiche Revolution des Jahres 1917 befreite die Werktätigen Russlands vom Joche der Kapitalisten und Grossgrundbesitzer. Ein für allemal wurde jede Ausbeutung abgeschafft. Industriebetriebe und der Boden wurden dem gesamten Volke übergeben. Das Volk ging daran, sein Leben nach eigenem Ermessen einzurichten, sich und seinen Kindern ein neues, besseres Leben zu bereiten.

In harter, selbstloser Arbeit wurden die Grundsteine einer neuen, sozialistischen Ordnung gelegt. Die primitive Wirtschaft des Landes musste nach und nach völlig umgestaltet werden.

Eine Industrie wurde geschaffen, die das rückständige zaristische Russland in einen der fortschrittlichsten Industriestaaten der Welt verwandelt hat, die Industrieproduktion hat sich seit 1913 verzehnfacht.

Die Landwirtschaft ist in diesen 25 Jahren ebenfalls weitgehend umgestaltet worden. Das Land der rückständigen, geringe Erträge bringenden Landwirtschaft wurde zum Land der am meisten mechanisierten Landwirtschaft der Welt, wo der Ackerbau auf grossen Flächen mit modernsten Mitteln durchgeführt wird. Zum ersten Mal in der Geschichte wurde die Landwirtschaft auf kollektiver Grundlage aufgebaut (Kolchosen). Als Ergebnis dieser Massnahmen hat sich die Getreideernte des Landes verdoppelt.

Gewaltige Fortschritte wurden auf dem Gebiete der Kultur und des Bildungswesens gemacht. Ist es nicht, zum Beispiel, eine kolossale Leistung, wenn heute in Russland

35.000.000 Kinder die Schule besuchen,

und das Analphabetentum völlig abgeschafft ist, — im selben Russland, wo vor 1917 nur 6,8 Millionen Kinder Schule besuchten und der Grossteil der Bevölkerung überhaupt nicht lesen und schreiben konnte?

Das sind nur kurze Beispiele jener Erfolge, die im Laufe von 25 Jahren auf allen Lebensgebieten erzielt wurden.

Diese Errungenschaften sind es, die der Rotarmist, — der russische Arbeiter und Bauer im Waffenrock — so heldenmütig verteidigt. Er verteidigt seine Freiheit, die er vor 25 Jahren in hartem Kampfe errungen, und das Reichtum, das er in schwerer Arbeit geschaffen hat.

Die Rote Armee wird siegen,

weil sie für eine gerechte Sache kämpft, weil ein jeder Rotarmist genau weiss, was ihm die Sowjetmacht bereits gebracht hat und was sie noch bringen wird.

Deutsche Soldaten!

Blind dem Befehl Hitlers folgend, seid Ihr in unser Land eingebrochen. Ihr wollt uns die Ketten der Ausbeutung und Sklaverei wiederbringen, Ihr gefährdet das Glück, welches sich die Sowjetvölker geschaffen haben. Darum seid Ihr dem Rotarmisten verhasst, darum wird er gegen Euch bis zu Eurer endgültigen Niederlage kämpfen.

Aus einem vierseitigen Flugblatt vom Herbst 1942

LESEN UND WEITERGEBEN!

Gib Dich gefangen! Rufe laut: „Praschtschäj, Moskwà! Dalòj Gitlera!" Das heisst: „Leb wohl, Moskau! Nieder mit Hitler!"

An die deutschen Soldaten und Offiziere

der eingekesselten 16. Armee

Soldaten und Offiziere!

General Graf Brockdorff, der Kommandeur Eures II. AK gab im Befehl vom 18.2. zu, dass Ihr von den Sowjettruppen eingekesselt seid, und versprach Euch Entlastung.

Das war jedoch glatter Schwindel.

Was für eine Entlastung ist das?

Euer Kommando versucht auf dem Luftwege Ersatz für Eure zusammengeschmolzenen Regimenter herbeizuschaffen. Ihr habt aber starken Mangel an Transportflugzeugen. In Eurem Rücken sind unsere Flak und unsere Luftwaffe erfolgreich tätig. Endlich seht Ihr ja selber, in welch geringen Häufchen dieser Ersatz bei Euch eintreffen kann.

Und was für ein Ersatz ist das?

Lassen wir einen solchen **Ersatzsoldaten** selbst zu Worte kommen:

„Ich, Bruno Kaminsky, habe nie in der Wehrmacht gedient. Jetzt bin ich einberufen worden und, unausgebildet, wie ich war, unmittelbar in das 48. Marschbataillon eingefügt. Wir wurden nach Königsberg gebracht und sollten in einem Ju-52 über Riga an die Front kommen. In unserem ganzen Marschbataillon war keiner da, der früher in der Wehrmacht gedient hätte. Ich wusste nur, dass ich in die 12. ID soll. Aber, dass diese Division im Kessel ist, erfuhr ich erst dann, als unser Flugzeug

Doppelseitiges Flugblatt vom Frühjahr 1942

abgeschossen worden und ich in die Gefangenschaft geraten war."

Ähnliches erklärte beim Verhör auch der Gefreite Otto Finck und andere Kriegsgefangene von den abgeschossenen Transportflugzeugen. Otto Finck sagte auch, dass in seinem Dorf in Mecklenburg sämtliche Männer von den 19- bis zu den 50-jährigen seit lange her schon ausnahmslos einberufen worden sind.

Nun seht Ihr wohl klar, wie es um den Ersatz und Entlastung für Euch, wie es um die Menschenreserven Deutschlands überhaupt bestellt ist.

Jene Divisionen, die Hitler für die grossmäulig angekündigte Frühjahrsoffensive bereithielt, hat er schon im Februar an die Front bei Smolensk und im Süden geworfen in vergeblicher Hoffnung, den Vormarsch der Roten Armee aufhalten zu können.

So ist es um die Hilfe, die Euch Graf Brockdorff versprochen hat, bestellt.

DARUM BLEIBT EUCH, DIE IHR IM KESSEL SITZT, NUR DER EINZIGE AUSWEG:

die Gefangenschaft.

Glaubt nicht den Greuelmärchen der Nazipropaganda. Die Rote Armee behandelt die Gefangenen gut.

Vor paar Tagen noch hat der Oberste Befehlshaber der Roten Armee STALIN wiederum befohlen, die Kriegsgefangenen menschlich zu behandeln.

Durch freiwillige Gefangengabe werdet Ihr Euer Leben für Eure Lieben und für Eure Heimat erhalten.

Sterbt nicht für den Verführer—lebt für ein freies Deutschland! Gebt Euch gefangen!

Gilt als Passierschein durch die Front für unbegrenzte Anzahl von Soldaten und Offizieren

СЛУЖИТ ПРОПУСКОМ ЧЕРЕЗ ФРОНТ
ДЛЯ НЕОГРАНИЧЕННОГО ЧИСЛА
СОЛДАТ И ОФИЦЕРОВ

ПОЛИТУПРАВЛЕНИЕ СЕВЕРО-ЗАПАДНОГО ФРОНТА

Смерть немецким оккупантам!

16 лозунгов и кратких обращений к немецким солдатам

для передачи через звуковещательные станции и рупоры, для использования в листовках и в наглядной агитации.

КРАТКИЕ УКАЗАНИЯ ДЛЯ ДИКТОРОВ

7. Немецкие солдаты! Русский народ — не враг немецкому народу. Наш общий враг — гитлеровская империалистическая клика. Свергайте Гитлера! Восстановите дружбу между народами Советского Союза и Германии.

Deutsche Soldaten! Das russische Volk ist kein Feind des deutschen Volkes. Unser gemeinsamer Eeind ist die imperialistische Hitlerclique. Stürzt Hitler! Stellt die Freundschaft zwischen den Völkern der Sowjetunion und dem deutschen Volk wieder her!

До**й**че зольдат**э**н! Дас русс**и**ше ф**о**льк ист к**а**йн ф**а**йнд дэс д**о**йчен ф**о**лькэс. **У**нзэр гэм**а**йнзам**э**р ф**а**йнд ист ди империалист**и**ше х**и**тлер-кл**и**кэ. Шт**ю**рцт Х**и**тлер! Шт**э**льт ди фр**о**йндшафт цв**и**шен д**э**йн ф**э**лькэрн дэр З**о**вьет-уни**о**н унд д**о**йм д**о**йчэ фольк в**и**дэр хэр!

Drei von 16 Losungen für sowjetische Sprecher an der Nordwest-Front. Der jeweils 3. Absatz der Losung stellt den deutschen Text in kyrillischer Lautschrift dar, die Betonung liegt auf den fett gedruckten Buchstaben.

11. Немецкие солдаты! Силы Германии на исходе. Поражение Гитлера неотвратимо. Свержение Гитлера—единственный путь к почетному миру.

Deutsche Soldaten! Deutschlands Kräfte versiegen. Hitlers Niederlage ist unabwendbar. Der Sturz Hitlers ist der einzige Weg zu einem ehrenvollen Frieden.

Дойче зольдатэн! Дойчляндс крэфтэ фэрзигэн. Хитлерс нидэр-лягэ ист ун-аб-вэндбар. Дэр штурц Хитлерс, ист дэр айнцигэ вэйг, цу айнэм эрэнфоллен фридэн.

12. Немецкие солдаты! Поражение и свержение Гитлера означает не гибель и не распад Германии, а спасение от фашистского рабства и от истребления немецкого народа в бессмысленной войне. Кончайте войну, свергайте Гитлера!

Deutsche Soldaten! Die Niederlage und der Sturz Hitlers bedeuten nicht den Untergang und nicht den Zerfall Deutschlands, sondern die Rettung aus der faschistischen Sklaverei und vor der Ausrottung des deutschen Volkes in diesem sinnlosen Krieg. Macht Schluss mit dem Krieg, stürzt Hitler!

Дойче зольдатэн! Ди нидэр-лягэ унд дэр штурц Хитлерс, бэдойтэн нихьт дэйн унтэр-ганг, унд нихьт дэйн цэрфаль Дойчляндс, зондэрн ди рэттунг аус дэр фашистишен склявэрай, унд фор дэр аус-роттунг дэс дойчен фолькэс, ин дизэм зиннлёзэн криг. Махт шлюс мит дэйм криг, штюрцт Хитлер!

Erinnern, vergleichen, denken

Deutsche Soldaten!

Erinnert Ihr Euch noch an die Parolen, Versprechungen, Verkündungen, die Euch in vergangenen Monaten aufgetischt wurden?

Im Oktober 1941 verkündete Hitler, dass „der Feind im Osten gebrochen ist und nie mehr sich erheben wird". Anschliessend versprach er den „Entscheidungssieg" vor Einbruch des Winters. Erinnert Ihr Euch noch daran? **Ein Jahr darauf** erklärten Goebbels und Göring, dass sie im Osten vor allem wirtschaftliche Kriegsziele haben, dass eigentlich um „Korn, Erdöl, Erz und Kohle" gekämpft wird. Sie wähnten sich als Sieger und warfen die Masken ab.

Im November 1942 behauptete Hitler, dass Stalingrad schon genommen sei und brüstete sich: „Wo der deutsche Soldat steht, kommt kein anderer hin."

Und was ist jetzt? Wo blieben all die aufschneiderischen Siegesmeldungen, all die zynischen Geständnisse der Raubkriegsziele? Jetzt winselt man von der Bolschewisierungsgefahr, jetzt jammert man von einem Abwehrkrieg.

Aber auch jetzt, ebenso wie früher, will man damit nur eines erreichen, — dass Ihr weiterhin blind pariert, dass Ihr weiterhin Hitlers Befehlen gehorcht, für ihn kämpfet und sterbet.

Soldaten!

Viele von Euch wollen immer noch nicht unseren Flugblättern und Lautsprechern glauben und plappern die eingetrichterten Parolen von der „Feindspropaganda" nach.

Doppelseitiges Flugblatt von Ende 1942

Na, gut, Ihr braucht uns nicht aufs Wort zu glauben! **Denkt selbst:** erinnert Euch daran, was Euch früher erzählt wurde, und vergleicht es mit der Wirklichkeit.

Erinnert Euch, wie Eure geschwätzigen Führer erst vom „bolschewistischen Chaos und Unordnung" und dann von der „infernalischen Organisation der bolschewistischen Menschen- und Materialreserven", erst von dem Blitz- und dann von dem Totalkrieg sprachen. Wie sie Euch von der Schulbank auf die Gedanken von einem unbedingten Kampf „für Lebensraum" eintrichterten und zugleich heuchlerisch von ihrer Friedfertigkeit schrieben...

Erinnert Euch, vergleicht, denkt! Euer schlechtes Gedächtnis, Euer Nichtdenkenwollen missbrauchen die Kriegshetzer, die sich Eure „Führer" nennen.

Denkt und Ihr werdet selbst begreifen, wie gemein Ihr betrogen seid. Ihr werdet selbst einsehen, dass Hitler Euch nur als Kanonenfutter zu seinem Raubkrieg, für seine wahnwitzigen Welteroberungspläne braucht.

Und wenn Ihr das begriffen habt, wird Euch auch das Licht der einzig rettenden schlichten Wahrheit aufgehen:

Eure Heimat, Eure Lieben brauchen Euer Leben — Hitler hetzt Euch in den Tod.

Sterbet nicht für Eure Betrüger. Lebet für Eure Heimat, für Eure Lieben.

Rettet Euer Leben! Gebt Euch gefangen!

Deutsche Soldaten! Ihr kämpft für Bonzen, Plutokraten,
Für Göring, Krupp und ähnliche Magnaten.
Damit die Herren mehr fremdes Gut erwerben,
Müsst Ihr verbluten und verderben.
Dafür aber wird Eure Witwen und Waisen
Herr Hitler mit schwulstigen Reden speisen.

PASSIERSCHEIN

Gilt für eine unbegrenzte Zahl von deutschen Soldaten und Offizieren, die sich der Roten Armee ergeben.

ПРОПУСК

Действителен для неограниченного количества немецких солдат и офицеров, сдающихся в плен Красной Армии.

AN DIE SOLDATEN DER 30. INFANTERIE-DIVISION

Kameraden!

Seid ihr denn alle Selbstmörder?

IHR WERDET INS SICHERE VERDERBEN GETRIEBEN!

In Staraja-Russa sind zu Euch vor einem Monat 600 Mann aus der Reserve gekommen.
Sind viele von ihnen noch am Leben? Der Weg Eurer Division ist mit Tausenden Holzkreuzen besät. Seht Euch um! Ihr habt nicht mehr als 1—2 Offiziere in jeder Kompanie—das haben Eure Kameraden erzählt, die sich in russischer Gefangenschaft befinden.

Euch wurde gesagt, dass Ihr die Rote Armee eingekesselt habet.
Man hat Euch wieder einmal betrogen, wie damals, als man von der „Vernichtung" der Sowjetischen Luftwaffe, von der „Erschöpfung der letzten Reserven" der Roten Armee und von der „Einnahme" Leningrads berichtete, wie man Euch stets betrügt.

Urteilt selbst:

Am Freitag d. 12.9. in der Gegend von Bjely-Bor wurde das 3. Bataillon des 6. I. R. fast vollkommen aufgerieben. Von der II/30 A.R. sind auch wenige übriggeblieben.

Wir erbeuteten—Eure 15,5 Geschütze, PAK-Geschütze (ausser denen, die von den Panzern einfach zerquetscht wurden), MG, viele LKW und 5 PKW mit Stabpapieren und Karten, noch mehr Pferde im Gespann mit bepackten Wagen, Krafträder und sogar „heissgeladene" Gulaschkanonen, eine grosse Menge an Gewehren und Maschinenpistolen, 3 Funkstellen, ein unversehrtes Verbindungsnetz mit Fernsprechapparaten und eine Riesenmenge verschiedener Munition.

Eure Kameraden, die zu vernünftig waren, um ihr Leben für das verlorene Werk Hitlers—Görings—Krupps zu opfern, sind jetzt bei uns in Gefangenschaft.

Sie waren erstaunt, als wir ihnen zu essen gaben, die Verwundeten verbanden und sie alle mit Zigaretten versorgten.

Man erzählt Euch immer noch, dass wir die Gefangenen misshandeln oder gar erschiessen.

Glaubt Ihr denn immer noch an diese blöde und gemeine Lüge?

Doppelseitiges Flugblatt vom Herbst 1942

EURE KAMERADEN:

1. Stickmann Wilhelm — Feldw., 13. Kompanie, 6. I. R. 30. Division,
2. Hagelmann Wilhelm — Oberschütze, 2. Kompanie, 6. I. R. 30. Division,
3. Börnsen Heinrich — Soldat, 9. Kompanie, 6. I. R. 30. Division,
4. Husfeld Otto — Obergefr., 5. Batl. 30. A. R. 30. Division,
5. Alfred Ludwig — Obergefr., 5. Batl. 30. A. R. 30. Division,
6. Reiter Kristian — Soldat, 9. Kompanie, 6. I. R. 30. Division,
7. Andresen Karsten — Gefreiter, 5. Batl. 30. A. R. 30. Division,
8. Baureiss Heinrich — Unteroffizier, 9. Kompanie, 6. I. R. 30. Division,
9. Lass Erich — Schütze, 9. Kompanie, 6. I. R. 30. Division,
10. Oster Heinz — Soldat, 9. Kompanie, 6. I. R. 30. Division,
11. Titjen Karl Heinz — Soldat, 9. Kompanie, 6. I. R. 30. Division,
12. Bark Rudolf — Unteroffizier, 9. Kompanie, 6. I. R. 30. Division,
13. Weih Günter — Unteroffizier, 13. Kompanie, 6. I. R. 30. Division,
14. Lassen Hans — Gefreiter, 46. I. R. 30. Division,
15. Buhtz Hans — Soldat, 23. I. R. 30. Division und andere ruhen jetzt von dem Schrecken des verlorenen Gefechts aus und erzählen anderen Kriegsgefangenen von den neuen sowjetischen Panzern, auf die sie gestossen waren.

Habt Ihr diese Panzer auch schon gesehen?
Eure PAK sind für sie wie Fliegenklappen.
Deutsche Soldaten! Spürt Ihr schon die Kälte? Aber der grimmige russische Winter ist ja noch im Kommen. Er wird auch die von Euch, die durch irgend ein Wunder unseren Panzern und unserer Artillerie, unserem Schützenfeuer und Bajonetten, unseren ungreifbaren Partisanen entkommen, schonungslos erledigen.
Bedenkt es, da Ihr noch Zeit habt.
Macht Schluss mit dem ungerechten Krieg gegen Sowjetrussland.
Ihr habt jetzt zu wählen — Tod oder Gefangenschaft.
Beeilt Euch!
Rettet Euer Leben!
Rettet Euch für Eure Lieben!

Lasst Euch gefangennehmen!

| DAS FLUGBLATT GILT ALS PASSIERSCHEIN DURCH DIE FRONT | ЭТА ЛИСТОВКА СЛУЖИТ ПРОПУСКОМ ЧЕРЕЗ ФРОНТ |

Die Wahrheit
ÜBER DIE RUSSISCHE GEFANGENSCHAFT

Folge 21 *Februar 1943*

Seit Beginn der russischen Winteroffensive sind drei Monate vergangen. In dieser Zeitspanne sind bereits über 700.000 Soldaten und Offiziere der Hitlerarmee von den Sowjettruppen vernichtet und über 300.000 gefangengenommen worden. Im Kaukasus, am Don und Donez, bei Woronesh, in Kursk und Charkow, in Welikije Luki, an der Stalingrader Front und am Ilmensee brachte jeder Tag des russischen Vormarsches neue Hunderte Gefangener.

Besonders markant war es bei **Stalingrad**, wo 330 tausend deutsche Soldaten und Offiziere — eine ganze grössere Kräftegruppe — am 23.11.42 eingeschlossen wurde. Von dieser Zahl wurden bis zum 2.2.43 — 91 tausend gefangengenommen, darunter über 2.500 Offiziere und 24 Generäle mit dem Oberbefehlshaber der 6. Armee Generalfeldmarschall **Paulus** an der Spitze.

Generalfeldmarschall PAULUS und Generalleutnant SCHMIDT (Stabschef der 6. Armee) unter russischen Offizieren.

Aus einem Flugblatt an die deutschen Soldaten südlich des Ilmensees nach dem sowjetischen Sieg in Stalingrad

Eine Gruppe deutscher Generäle, die sich vor Stalingrad ergeben haben.

Den 91.000 Kriegsgefangenen von Stalingrad sowie den Hunderttausenden in anderen Abschnitten gefangenen deutschen Soldaten und Offizieren bedeutet die Gefangenschaft den Weg ins Leben. Sie sind sich nun ihres Lebens sicher, sie wissen, dass sie nach Kriegsende heil und gesund zu ihren Lieben wiederkehren werden, denn für sie ist der Krieg aus!

Auch Eure Lage, Soldaten südlich des Ilmensees, wird von Tag zu Tag verzweifelter. Keiner wird Euch helfen — nur Ihr selbst könnt Euer Leben retten, und zwar nur durch die russische Gefangenschaft.

Darum, Soldaten, zögert nicht! Rettet Euer Leben, solange es noch gerettet werden kann. Folgt dem Beispiel Eurer Generäle und Eurer Kameraden — gebt Euch gefangen!

Eure Parole sei:
    GEFANGEN — GERETTET!

)—329

PASSIERSCHEIN	**ПРОПУСК**
Gilt für eine unbegrenzte Zahl von deutschen Soldaten und Offizieren, die sich der Roten Armee ergeben.	Действителен для неограниченного количества немецких солдат и офицеров, сдающихся в плен Красной Армии.

NORMEN FÜR ÜBERLÄUFER	NORMEN FÜR KRIEGSGEFANGENE
1. Verpflegung (Tagesration)	**1. Verpflegung** (Tagesration)
Brot: auf Transport . . . 700 gr	Brot: auf Transport . . . 600 gr
im Arbeitslager . . 800 gr	im Arbeitslager . . 700 gr
Konserven (Fleisch od. Fisch) auf Transport . . 100 gr	Konserven (Fleisch od. Fisch) auf Transport . . 80 gr
Fleisch od. Fisch (frisch od. gefroren) im Arbeitslager 100 gr	Fleisch od. Fisch (frisch od. gefroren) im Arbeitslager 80 gr
Zucker . . . . 20 gr	Zucker . . . . 10 gr
Fett (Margarine od. Schmalz) 50 gr (Für Kranke und Verwundete — Butter)	Fett (Margarine od. Schmalz) 30 gr (Für Kranke und Verwundete — Butter)
Für Brot, Fleisch und Fett bestehen im Arbeitslager, entsprechend der Arbeitsleistung, gestaffelte Zusatznormen, welche für Brot, z. B., 100 bis 200 Gramm betragen.	Für Brot, Fleisch und Fett bestehen im Arbeitslager, entsprechend der Arbeitsleistung, gestaffelte Zusatznormen, welche für Brot, z. B., 100 bis 200 Gramm betragen.
Für Graupen, Kartoffeln, Gemüse, Kaffee und Tee bestehen keine Zusatznormen.	Für Graupen, Kartoffeln, Gemüse, Kaffee und Tee bestehen keine Zusatznormen.
2. Tabak . . . . . . 200 gr	**2. Tabak** . . . . . . 100 gr
3. Post Absenden: Monatlich 4 Postkarten oder 2 Briefe Empfang von Briefen und Päckchen unbeschränkt.	**3. Post** Absenden: Monatlich 2 Postkarten oder 1 Brief Empfang von Briefen und Päckchen unbeschränkt.

Innenseiten eines vierseitigen Flugblattes vom Februar 1943 mit dem Titel »Die Wahrheit über die russische Gefangenschaft«

Jedem Kriegsgefangenen, ganz gleich, ob er im Kampfe gefangengenommen wurde oder freiwillig zur Roten Armee überging, wird das Leben und die persönliche Sicherheit garantiert.

Jeder Kriegsgefangene wird nach den bestehenden internationalen Bestimmungen behandelt, er darf seine Uniform, Rangabzeichen und Auszeichnungen tragen und seine Privatsachen und Wertgegenstände behalten.

Kriegsgefangene Soldaten und Unteroffiziere sind zur Arbeit verpflichtet (Offiziere sind vom Arbeitsdienst befreit). Arbeitszeit- und bedingungen richten sich nach den allgemein in der Sowjetunion bestehenden Gesetzen und Verordnungen.

Die Verpflegung wird durch die «Bestimmungen über Kriegsgefangene» geregelt. Auszüge aus den Verpflegungsnormen bringen wir auf dieser Seite. Die Normen sind nach Arbeitsleistung gestaffelt.

Überläufer erhalten besondere Begünstigungen sowohl in Bezug auf Verpflegung, als auch hinsichtlich Post, Tabak usw.

Jedem Kriegsgefangenen steht das Recht zu, Briefe an seine Angehörigen über das Rote Kreuz zu schicken und Briefe und Päckchen zoll- und abgabefrei zu empfangen.

Nach dem Kriege ist jedem Kriegsgefangenen die Rückkehr nach Deutschland—oder in ein beliebiges Land nach Wahl des Kriegsgefangenen—garantiert.

Ende der „FESTUNG DEMJANSK"

In 8 Tagen 302 Ortschaften befreit
3000 Gefangene—Über 8000 Tote

Das Sowjetische Informationsbüro gibt am 1.3.43 bekannt:

Im September 1941 gelang es den deutsch-faschistischen Truppen südöstlich des Ilmensees durchzubrechen und mit den Kräften der 16. deutschen Armee die Bezirke Salutschje, Lytschkowo und Demjansk sowie den Raum weiter östlich bis zu den Ufern des Welje- und Seligersees zu besetzen.

Im Laufe der folgenden 17 Monate bemühte sich der Feind hartnäckig und beharrlich das von ihm besetzte Gebiet zu halten und verwandelte es in einen starkbefestigten Raum, den er «Festung Demjansk» nannte. Die Deutschen hatten die Absicht, diesen Raum zur Entfaltung eines weiteren Vorstosses gegen die wichtigsten Verbindungslinien der Nordgruppe der Sowjettruppen auszunützen. In derselben Zeit wurde der besagte Raum oft zum Schauplatz heftiger Kämpfe, in denen deutsche Divisionen zermalmt wurden.

Vor einigen Tagen gingen die Sowjettruppen der Nordwestfront unter dem Kommando von Marschall Timoschenko zum Angriff gegen die 16. deutsche Armee über. Im Laufe der Kämpfe durchbrachen die Sowjettruppen in einer Reihe von Abschnitten starkbefestigte feindliche Linie und schufen somit für die deutsch-faschistischen Truppen eine reale Gefahr der doppelten Einkreisung. Die Deutschen fühlten die Gefahr einer Einkreisung und begannen unter den Schlägen der Sowjettruppen den eiligen Rückzug nach Westen.

Doppelseitiges Flugblatt vom März 1943

Im Laufe der 8tägigen Kämpfe verfolgten die Sowjettruppen unentwegt den Feind und befreiten 302 Ortschaften, unter ihnen die Stadt **DEMJANSK** und die Bezirkshauptorte **LYTSCHKOWO** und **SALUTSCHJE**.

Ein Territorium von 2350 qkm wurde vom Feind gesäubert.

Im Laufe von 8 Kampftagen nahmen die Sowjettruppen 3000 deutsche Soldaten und Offiziere gefangen.

In derselben Zeit wurde folgende **Beute** eingebracht:

78 Flugzeuge, 97 Panzer, 289 Geschütze verschiedenen Kalibers, 711 Maschinengewehre sowie eine grosse Menge Munition und viel anderes Kriegsgut.

Der Feind liess am Schlachtfelde über 8000 Leichen zurück.

Soldaten und Offiziere am Ilmensee!

Unnütz waren alle Eure Opfer auf dem verlorenen Posten im Demjansker Kessel!

Der siegreiche Vormarsch der Sowjettruppen wird weitergeführt.

Ihr seid alle des Todes, wenn Ihr nicht dem Beispiel der 3000 Eurer Kameraden folgt.

Bleibt beim Rückzug Eurer Truppen unter beliebigem Vorwand zurück. Versteckt Euch, wo und wie Ihr nur könnt, um Euch der angreifenden Roten Armee zu ergeben.

PASSIERSCHEIN	**ПРОПУСК**
Gilt für eine unbegrenzte Zahl von deutschen Soldaten und Offizieren, die sich der Roten Armee ergeben.	Действителен для неограниченного количества немецких солдат и офицеров, сдающихся в плен Красной Армии.

D—391

10 Jahre Hitlermacht = 6½ Jahre Kriegsvorbereitung

(getarnte und offene fieberhafte Aufrüstung, soziale Demagogie zur Verdummung des Volkes, Verhetzung der Jugend durch Rassenhetze, Geschichtsfälschung)

+3½ Jahre Krieg

mit den ersten leichten Blitzsiegen, mit heimtückischen überrumpelnden Überfällen auf friedliche Völker und Staaten, mit dreistester Lügenpropaganda und Massenbetrug **und nun mit Riesenschlappen und sicheren Aussichten auf eine schon heranrückende Katastrophe.**

Krieg, Krieg und nur Krieg—

das ist der einzige Sinn und Zweck des Hitlerregiments.

Krieg für die Gewinne der „nationalsozialistisch" getarnten Plutokraten.

Krieg für die Befriedigung der wahnwitzigen Herrschsucht der Hitlerschen „Führerschicht".

Krieg für die Beraubung und Knechtung fremder Länder und Völker.

Dafür sollst Du bluten und sterben, Soldat!
Dafür musst Du Dich immerwieder betrügen und auf die Schlachtbank treiben lassen!

PASSIERSCHEIN

„Wenn deutsche Soldaten und Offiziere sich ergeben, nimmt sie die Rote Armee gefangen und schont ihr Leben."

(Aus dem Befehl des Volkskommissars für Verteidigung STALIN Nr. 55 v. 23.2.1942.)

ПРОПУСК

«Красная Армия берет в плен немецких солдат и офицеров, если они сдаются в плен, и сохраняет им жизнь».

(Из приказа Народного Комиссара Обороны тов. СТАЛИНА № 55 от 23.II.1942 г.).

Flugblatt vom Frühjahr 1943

Internationale Information

Freiheitskampf der jugoslawischen Partisanen

Hier bringen wir einen Auszug aus dem Brief an den Gefr. **Eberhard Kunz**, Feldpn. 11590, von seinem Bruder, der in Jugoslawien eingesetzt ist. Dieser Brief legt glänzendes Zeugnis über den zunehmenden Widerstand des versklavten jugoslawischen Volkes ab.

„... Wir helfen beim Ausbau der Strasse Belgrad-Saloniki. Wir werden hier eingesetzt auf der Baustelle und müssen die serbischen Arbeiter antreiben. Dies wär ja alles ganz gut und schön, wenn nicht hin und wieder unangenehme Zwischenfälle vorkommen.

Die Gegend ist nämlich noch ganz unsicher. Es halten sich immer noch Kommunisten und Banden versteckt, die aus dem Hinterhalt auf alle Deutschen schiessen. Heute wurde wieder ein volksdeutscher Polier von den Banden erschossen.

Ich habe meine erste Feuertaufe auch schon erhalten. Wir fuhren vorgestern früh um 6 Uhr hier ab zur Baustelle. Wir sassen alle auf einem LKW der OT. Unterwegs luden wir auf den einzelnen Baustellen die Polier ab. Zuletzt blieben wir noch mit 6 Studenten (5 von meiner Schule) und 4 volksdeutschen Arbeitern übrig, weil unsere Baustelle am weitesten weg lag. Unterwegs sahen wir, dass die Kommunisten in der Nacht die Telefonleitungen zerstört hatten, und auf einer Baustelle hatten sie eine Baubude abgebrannt, und von einer Strassenwalze den Manometer kaputtgeschossen. Dass irgend etwas im Busch war, konnten wir uns denken, aber wir dachten, dass wir heil hinkommen werden zur Baustelle.

Aber Scheisse, wie wir um eine unübersehbare Kurve rumkommen, sehen wir plötzlich neben der Strasse im Graben getarnt etliche Zivilpersonen liegen. Im gleichen Augenblick sehen wir, wie sie ein MG auf uns richten und da wurden aus 8 m Entfernung die ersten Schüsse auf uns abgefeuert. Ein volksdeutscher Arbeiter war sofort tot, er hatte einen Schuss durch das Genick bekommen. Ein Studienkamerad von mir erhielt einen Schuss durch das rechte Bein, vielleicht muss es abgenommen werden. Wir schossen sofort auf die Bande. Da aber mit unseren Gewehren gegen ihr MG nichts zu machen war, sausten wir so schnell wie möglich vom Orte weg.

Das sind unsere Ferien..."

Das ist nur ein Beispiel aus Hunderten ähnlichen. Mit Recht stellte STALIN in seinem Bericht am 6. November fest: das europäische Hinterland der deutschen Truppen ist ein Vulkan, der jederzeit bereit ist auszubrechen und die deutschen Imperialisten zu begraben.

Prag und Pilsen—Kampfstätten der Freiheit

Der Hitlerfaschismus möchte das freiheitliebende tschechische Volk zu stummen Knechten machen. Doch es gelingt ihm nicht, trotz Massenerschiessungen der Geisel, trotz Gestapoterror und wildesten Racheakten, die der berüchtigte Henker Heidrich und seine SS-Banden Tag für Tag in den Städten und Dörfern des „Protektorats" ausüben.

Im Oktober ist wieder die Produktion der tschechischen Industrie

Die Tarnschrift »Soldatenfreund« berichtet im November 1941 vom 2. Weltkrieg und dem Widerstand in anderen Ländern

um 30—40 v. H. zurückgegangen. Wieder sind einige Waffentransporte entgleist, eine Munitionsfabrik bei Prag und einige wichtige Werkstätten der Skodawerke durch Sprengungen schwer beschädigt. In den letzten Wochen wurden in manchen russischen Städten, auch an den Feldstellungen mehrere deutsche Fliegerbomben aufgefunden, die nicht krepierten. Nach näherer Untersuchung erwies sich, dass diese Bomben Zettel in tschechischer Sprache enthalten. Auf einem stand: *„Prag und Pilsen— bleiben Kampfstätten der Freiheit. Nieder mit dem Bluthund Hitler!"*

Die Stimme aus „verbündetem" Ungarn

Die den breiten Schichten des ungarischen Volkes bekannt gewordenen Worte STALINS über die Unzuverlässigkeit des europäischen Hinterlandes Deutschlands machten auf alle einen besonders grossen Eindruck. In der Budapester Werft verbreitete eine Gruppe der Arbeiter unter den zuverlässigen Kameraden folgende Resolution: „Wir, ehrliche ungarische Arbeiter, halten Deutschlands Krieg gegen die Sowjetunion für verbrecherisch, barbarisch und ungerecht. Um so mehr verurteilen wir die Teilnahme Ungarns an ihm. Was wollen wir von der Sowjetunion? Was schlimmes hat uns dieses friedfertige blühende Land getan? Wir fragen unsere Regierung: Wofür sterben unsere Brüder an der Ostfront? Wir schliessen unsere Stimme der Stimme der Engländer und Amerikaner an, wir werden der Sowjetunion in ihrem Kampfe gegen die hitlerschen Eindringlinge helfen. Tod Hitler und seiner blutigen Bande!"

DAS DEUTSCHE AFRIKAKORPS STEHT VOR SEINER VERNICHTUNG

Die englische Offensive in Nordafrika, die am 18. November begann, nimmt einen erfolgreichen Verlauf. Der Widerstand der deutsch-italienischen Truppen ist allenthalben gebrochen. Der Vormarsch erfolgt in breiter Front von der Lybischen Küste bis zur Oase Djarabub. Schnelle englische Truppen besetzten Bardia. Tobruk wurde erreicht und der deutsche Ring um diese Stadt gesprengt. Somit ist das Afrikakorps des Generals Rommel im Raum von Sollum, Halfaia und Sidi Omar eingeschlossen. Zehntausende italienischer und deutscher Soldaten haben sich ergeben. Die Beutezahlen wachsen mit jeder Stunde. Verbände der englischen Luftwaffe bombardieren mit guter Wirkung die deutschen Stellungen und rückwärtigen Verbindungen, sowie Häfen in Italien und Sizilien. Englische Seestreitkräfte greifen in die Kämpfe erfolgreich ein und nehmen die auf engem Raum gedrängten deutsch-italienischen Truppen unter heftiges Artilleriefeuer. Alle neutralen Beobachter und Sachverständigen sind darüber einig, dass die Lage der deutsch-italienischen Truppen in Lybien vollkommen hoffnungslos ist.

V=VICTOIRE

„Victoire"—heisst auf französisch „Sieg". Das französische Volk wurde von seinen Ministern und Generalen, die eine Revolution der Volksfront mehr fürchteten als eine deutsche Invasion, schändlich an Hitler verraten. Frankreich wurde besetzt und ausgeplündert, die faschistischen Arschriecher aus Vichy leisteten für ihre Berliner Schirmherren immer neue Judasdienste. Doch das edle französische Volk, das schon seit 150 Jahren, allen reaktionären Tyrannen und Verrätern zum Trotz, immer wieder sich seine Freiheit erkämpft, will auch jetzt nicht nachgeben. Geheime Waffenlager in allen Städten Frankreichs sind gut aufgehoben und die wiederholten Gestaporazzias haben bis jetzt nur armselige Erfolge gebracht. Die Waffen harren ihrer Stunde. Aber der Kampf ist im Gange. Heute lautet die Parole: „SABOTAGE!.." „Der beste Arbeiter ist der, der heute am schlechtesten arbeitet" — sagen die französischen Werktätigen und handeln demgemäss. Und dann noch das allgegenwärtige „V"—der Anfangsbuchstabe des Wortes „Victoire", der an allen Mauern, Strassenbahnen und Autos, ja sogar an den Rücken der deutschen Offiziere erscheint! Diese echt französische witzige Art einer ununterbrochenen patriotischen Kundgebung ist ein Warnungszeichen für Hitler. DIE FREIHEIT WIRD SIEGEN—das wissen die Franzosen und verhöhnen ihre hochmütigen Unterdrücker.

* *

Kaum verliess **Laval** sein Krankenbett, ja wurde er wieder von einem unbekannten Patrioten aufs Korn genommen. Der Verräter aus Vichy ist wieder verwundet.

Ruin der italienischen Landwirtschaft

Die Zeitung «Corriere della Serra» veröffentlichte einen alarmierenden Artikel über die Lage der italienischen Landwirtschaft.

Im Dorfe, schreibt die Zeitung, fehlt es stark an Arbeitskräften. Es sind nur mehr arbeitsuntaugliche Leute geblieben. Das Zugvieh wurde für die Armee eingezogen. Kraftstoff für die landwirtschaftlichen Maschinen fehlt vollständig. Dünger, den die italienische Erde verlangt, gibt es nicht, das Vieh bekommt immer weniger Futter, da die Armee Mangel daran leidet. Als Ersatz dafür sammeln die Kinder trockene Blätter.

Die Bauern werden genötigt, die letzten Produkte dem Staat abzuliefern und versuchen diese zu verstecken.

Das Leben im Dorf, —gibt die Zeitung zu, —ist bis zum Äussersten angespannt.

* * *

Dieser kleine Querschnitt durch die italienische wirtschaftliche und militärische Lage zeigt krass, wie es um den «mächtigen Achsenpartner» steht. Da helfen keine Beschwörungen Goebbels von «Treue» und «Durchhalten bis zum siegreichen Ende». Alle fantastischen Träume Mussolinis über die Wiedererrichtung des «grossen römischen Reiches» im XX. Jahrhundert sind in nichts zerronnen.

Die völlige Zerrüttung der Wirtschaft und die grossen Niederlagen an den Fronten machen das Ausscheiden Italiens aus dem Kriege zu einer Frage der nächsten Zeit.

Elsass gegen die deutschen Okkupanten

Tausende Elsässer, die in die deutsche Armee einberufen werden sollen, flüchten in die Schweiz. Die Zeitung «Berner Tageblatt» meldet, dass sich die Elsässer zu bewaffneten Gruppen vereinigen und mit den deutschen Grenzwachen in Kampf treten, wenn diese sie beim Grenzübergang stören wollen.

Nach Meldungen der Schweizer Zeitung wächst in Elsass die Gegenwehr der Einwohner gegen die Massnahmen der Okkupanten. Offen drückt man die Sympathie für die Verbündeten aus. Meldungen über die grossen Erfolge der Roten Armee dringen ins Land und werden von der Bevölkerung mit Begeisterung begrüsst.

Deutsche Soldaten und Offiziere!

Die Hitlersche „Neuordnung" in Europa kracht in allen Fugen. An der ganzen Ostfront versetzt Euch die Rote Armee Schlag für Schlag. Die Niederlage Hitlers ist unvermeidlich. Die Rettung Deutschlands liegt im Sturze Hitlers.

Verlasst die todgeweihte Hitlerarmee, geht nach Hause, gebt Euch der Roten Armee gefangen!

GILT ALS PASSIERSCHEIN DURCH DIE FRONT.
СЛУЖИТ ПРОПУСКОМ ЧЕРЕЗ ФРОНТ

D—455

Aus den »Auslandsnachrichten« vom März 1943

Waffenbrüderschaft USA—UdSSR

Zum 2. Jahrestag des amerikanischen Leih- und Pachtgesetzes.

Als vor 2 Jahren in den USA dieses Gesetz angenommen wurde glaubte Hitler noch an den Blitzkrieg, an den Krieg an einer Front und war in seiner blinden Sturheit davon überzeugt, dass die Hilfe, die die Vereinigten Staaten von Nordamerika der Sowjetunion versprachen, zu spät kommen oder mindestens zu unbedeutend sein würde, um in diesem Kriege wirksam zu sein.

Die zwei Jahre seit der Annahme dieses Gesetzes haben aber deutlich bewiesen, dass sich Hitler auch hier grob verrechnet hat.

Die Rote Armee verfügt über gewaltige Mengen von Waffen einheimischer Erzeugung, und immer mehr sowjetische Panzer und Flugzeuge rollen an die Front. Die amerikanische Waffenhilfe trägt ihren Teil zur raschesten Vernichtung der deutsch-faschistischen Okkupanten bei.

Im zweiten Wirkungsjahr des Gesetzes wurden 30 v. H. aller Kriegsmaterialien, die die USA auf dessen Grundlage ausführt, in die Sowjetunion gesandt. Dies entspricht einem Werte von anderthalb Milliarden Dollars.

Russland erhielt die Hälfte der Panzer und 40 v. H. aller Kampfflugzeuge, die auf Grund des Gesetzes an die Verbündeten Mächte geliefert wurden. Ausser Panzern, Flugzeugen, Lastkraftwagen usw. erhielt die Sowjetunion 130.000 Maschinenpistolen, 100 Millionen Pfund Sprengstoffe, 190 Millionen Pfund Messing und Kupfer, Hunderttausende Meilen Telephondraht, 92 tausend Tonnen Eisenbahnschienen, Waggonräder usw. sowie 3 Millionen Paar Stiefel. Unaufhörlich treffen aus Amerika Lebensmittel wie Fleisch, Butter, Mehl, Hülsenfrüchte, Zucker, Milchprodukte und Konserven verschiedenster Art ein. Einige Sorten von Lebensmitteln werden in den USA speziell für die Bedürfnisse der Roten Armee hergestellt.

Um das Anwachsen der amerikanischen Lieferungen an die Sowjetunion ins rechte Licht zu rücken, sei bemerkt, dass in den letzten 6 Monaten dieselbe Menge von Kriegsmaterial geliefert wurde, wie in den vorhergehenden 18 Monaten, somit also

eine Erhöhung um das Dreifache

zu verzeichnen ist.

D – 168

Doppelseitiges Flugblatt vom Frühjahr 1943

Die krampfhaften Versuche der deutschen U-Boote, die Transporte von Waffen und Lebensmittel aus den USA in die Sowjetunion zu stören, scheitern kläglich.

Verschieden sind die Wege, auf denen die Sowjetunion von seinen Verbündeten Hilfe erhält. Über Murmansk und Archangelsk, durch den Persischen Golf und Iran sowie über den Stillen Ozean strömen die mächtigen Waffen aus den USA. Die letzteren Wege gewinnen immer mehr an Bedeutung und die Achsenmächte besitzen nicht die Kraft, sie abzuriegeln.

Deutsche Soldaten und Offiziere am Ilmensee!

Die Offensive der Roten Armee in Eurem Frontabschnitt ist in vollem Gange. Die glorreichen Sowjettruppen treiben Euch vor sich her und versetzen Euch Schlag auf Schlag. Ihr seid jetzt selbst Zeugen, dass die Waffenlieferung aus den USA keine Illusion, sondern reelle Tatsache ist, da auch hier amerikanische Waffen am Kampfe teilnehmen.

So z. B. kämpft im Gebiet des Ilmensees ein mit den modernsten amerikanischen Flugzeugen „Aerokobras" ausgerüstetes sowjetisches Garde-Luftjägerregiment. Die Flieger dieses Regiments schossen in den letzten 3 Monaten bei 3 eigenen Verlusten 33 feindliche Flugzeuge ab.

Die verstärkte Waffenlieferung der USA aber ist nur der Auftakt einer wirklichen Waffenbrüderschaft der Verbündeten auf dem Kontinent.

Vorläufig kämpft die Hitlerarmee nur an einer Front, aber der Frühling mit seinen ersten Schwalben – den Tausenden englischer und amerikanischer Bomben- und Jagdflugzeuge – macht sich bereits im Westen bemerkbar. Dutzende der wichtigsten deutschen Industriestädte wie Essen, Duisburg, Nürnberg, München usw. werden den verheerenden Luftangriffen der Verbündeten ausgesetzt und die strategischen Verbindungswege in Deutschland und in den okkupierten Ländern mit Bomben belegt.

Das sind die Vorboten der

zweiten Front,

deren drohende Vorzeichen bereits am westlichen Horizont sichtbar sind. Durch die wuchtigen Schläge der Roten Armee im Osten und die Offensive der Mächte des Freiheitsblocks im Westen werden Hitlers Räuberarmeen auf eigenem Territorium zerquetscht und zerschlagen werden.

Wehe den deutschen Soldaten, die nicht rechtzeitig die Lage der Dinge erkennen und daraus die richtigen Schlüsse ziehen. Dem Ungewitter, das sich über das Hitlerheer heraufzieht, könnt Ihr nur entgehen, indem Ihr seine Reihen verlasst.

Russische Gefangenschaft bedeutet Wiederkehr zum Leben!

Amerikanische Truppen in Französisch-Nordafrika gelandet
Rommel wird in die tödliche Zange genommen

Folge 20   *November 1942*

Tobruk und Bardia gefallen

Folge 27   *Dezember 1942*

Was geht im Lande des Duce vor?

Folge 33   **Februar 1943**

Vor grossen Entscheidungen
CHURCHILL und ROOSEVELT in CASABLANCA

Tripolis von den Engländern besetzt
Das Ende des italienischen Kolonialreiches

Folge 37   **Februar 1943**

Auslandsstimmen zur Vernichtung der 6. deutschen Armee bei STALINGRAD

Schlagzeilen aus verschiedenen Flugblättern mit »Auslandsnachrichten«

Briefe, Nachrichten und Einzelschicksale

Er sagte auch: „Auf Wiedersehen!..."

Im vorigen Sommer zog der Obersturmführer Heinrich Amberg (der Chef der 3. und der 4. Kompanie des I. Regiments der „Totenkopf"-Division der Waffen-SS) aus Schleswig ins Feld.

Mutter und Vater waren mit ihrem Sohn, schlanken Obersturmführer Heinrich, durchaus zufrieden. Heinrich selbst war jung, kräftig und munter.

Sonnig und still war der letzte Tag, den er mit seiner Frau verlebte. Zum letzten Mal in seinem Leben war er im Zivil. Seine liebe Frau war guter Hoffnung und war glücklich.

Vor dem Abmarsch waren SS-Männer in Reih' und Glied angetreten. Ein hoher Vorgesetzter hielt eine „anfeuernde" Ansprache. Im Namen des Führers versprach er den SS-Männern den Blitzsieg. Alle waren begeistert.

Auch an der Front waren SS-Männer zuerst begeistert, munter und lustig. Es ging immer noch vorwärts. Sie glaubten sich schon in Moskau. Die Feuertaufe stand ihnen doch allerdings bevor.

Doppelseitiges Flugblatt unter Verwendung von Erinnerungsfotos eines gefallenen deutschen Soldaten

Vor dem ersten Gefecht ließ sich der Obersturmführer Heinrich Amberg photographieren. Er setzte die Mütze eines gefallenen Rotarmisten auf und machte sich daran lustig.

Ganz anders sah er nach dem Gefecht aus. An der Rückseite des Bildes steht: „Der Rest des Zuges nach dem ersten Gefecht am 15. August". Keiner der SS-Männer lächelt. Alle sind erschüttert und kampfmüde. Sie stellten sich den Krieg wohl anders vor.

Weit von der Heimat liegen die Gräber der Kameraden... Wie viele sind seit jenem 15. August gefallen!

Der Herbst kam... Die Gefechte wurden immer härter und blutiger. Der Führer hatte den Endsieg noch vor Einbruch des Winters versprochen, es wollte aber immer noch nicht klappen. Man kam keinen Schritt vorwärts. Der Russe ließ sich nicht kleinkriegen... Unter grauem, trostlosem Himmel der Ilmengegend mußten Ambergs Kameraden, einer nach dem anderen, ihr Leben lassen.

Aus der Winterzeit hinterließ der Obersturmführer Amberg keine Aufnahmen. Aber, wie er selbst in einem seiner Briefe schrieb, war das eine harte Zeit für ihn und für seine Kameraden. Im April bekam Amberg die Nachricht von zu Hause, daß ihm ein Töchterchen geboren ist. Amberg hoffte auf Urlaub, bekam aber keinen. Am 27. 5. 1942 erhielt Amberg einen Brief von seinem Freund Meyer aus Schleswig. Meyer berichtete ihm, daß noch weitere Männer aus seinem Betrieb eingezogen worden sind, deren militärische Tauglichkeit äußerst zweifelhaft ist. Es war also keine Hoffnung auf Urlaub mehr. Den letzten Brief bekam Amberg am 28. Mai von seiner Frau. Sie schrieb ihm, daß sie auf seinen Urlaub hoffe. Dieser Brief lag in seiner Tasche und wurde am 6. Juni von einer russischen Kugel durchschossen.

Am 6. Juni fiel Amberg im Kampf um die Anhöhe, die den deutschen Soldaten unter dem Namen „Ameisenhaufen" bekannt ist. Diese Anhöhe wurde von den Russen besetzt. 63 Leichen deutscher Soldaten blieben in den Stellungen. Auch die Leiche Ambergs lag darunter.

Das ist das Schicksal eines von den Millionen.

Täglich fallen an der Ostfront Tausende kleiner Männer, Tausende unbekannter Soldaten.
Heute haben wir einen Unbekannten beim Namen genannt.
Morgen wirst Du es sein, Soldat!

Seite 1   rechts Seite 4

Vierseitiges Flugblatt
mit Faksimile des Briefes an einen deutschen Soldaten

Ich habe dafür gesorgt, dass kein einziges feindliches Flugzeug ins Reichsgebiet einfliegt.

[Signature: Hermann Göring]

So sagte Hermann Göring vor drei Jahren, als er seinen „Totalkrieg" gegen wehrlose Frauen und Kinder Europas begann.

Nun hat sich aber das Blättchen gewendet. Die gerechte Vergeltung tritt ein. Der von Hitler und Göring heraufbeschworene Totalkrieg schlägt auf Deutschland zurück.

Rostock und Mannheim, Köln und Essen, Bremen und Emden, Lübeck und Osnabrück, Frankfurt und Stuttgart, Dortmund und Münster, Wiesbaden und Karlsruhe, Duisburg und Düsseldorf, Kiel und Hamburg, Berlin und Königsberg, Tilsit und Stettin, Stolp und Stargard, Danzig und Schneidemühl...

Welche Stadt ist nun an der Reihe?

Während Ihr hier im Felde für die wahnsinnigen Eroberungspläne der Krupp- und Göringplutokraten sterben müsst, sind Eure Heimatstädte den wuchtigen Bombenangriffen der englischen und jetzt auch der sowjetrussischen Luftwaffe ausgesetzt.

Nur Hitlers Sturz kann Euch und Eure Lieben retten!

GILT ALS PASSIERSCHEIN DURCH DIE FRONT.
СЛУЖИТ ПРОПУСКОМ ЧЕРЕЗ ФРОНТ

[Brief Nr. 5.] Insenburg, den 22/5. 22.

Auf Wiedersehen

Geliebter Heiner!

Bald sind 3 Wochen um, ohne jegliches Lebenszeichen von Dir. Daß ich in sehr großen Sorgen um Dich bin, wirst Du sicher recht gut verstehen können. Ich nehme ja stark an, daß auch Du tüchtig im Kampf bist u. vielleicht auch wirklich keine Zeit zum schreiben hast. Ja mein Liebling, wenn ich ja wüßte, daß Du noch gesund wärst würden meine Sorgen u. Ängsten um Dich nicht überhand nehmen, aber so weiß ich es nicht. Jeden Morgen sehe ich mir bald die Augen aus, ob der Postbote nicht etwas für mich hat von Dir, aber es ist immer umsonst. Aber ich will ja geduldig warten, wenn Du mein über alles Geliebter wieder gesund kommst. Dein Dorlieschen fragt immer so nach Dir, daß ich fast nicht mehr weiß, was ich für Antwort geben soll. Am Muttertag war sie so lieb, sprang zu den Schwestern u. holte für mich einen schönen Fliederstrauß u. sagte mir ein schönes Gedichtchen

    Mutter, Mutter heilig Wort, sei mein Trost
                u. treuer Hort
    Liebe will ich immer schenken u. an deinen
             Namen denken.

Glaub' es mir, ich lief den ganzen Tag mit nassen Augen herum, so leid hat es mir getan, weil Du von allem nichts sehen u. hören darfst.

Dieser Brief wurde auf dem Schlachtfeld bei

Seite 2 und 3 des vierseitigen Flugblattes

Hoffentlich ist Dir das Schicksal gnädig u. lässt Dich wieder gesund bei uns einkehren. Ja wann wird dieses alles sein, dieser Krieg beendet sein?? Diese Woche waren die Flieger so schlimm da, daß alle Leute geglaubt hatten die letzte Stunde hatte geschlagen. Brandbomben haben sie tausende geworfen sogar Lufttorpedo, die Lufttorpedo ist im Rodenbacher Feld explodiert, der Druck war so stark daß bei Dittenköfer die beiden große Schaufenster eingefallen sind, gebraust hat es überall ganz schrecklich also mit einem Wort es war die schlimste Nacht, solange sie kamen, die Lumpen. Fiel Heinrich (oder rote Füße ihr Mann) ist auf ein Brandblättchen getreten u. ist so schlimm verbrannt daß an seinem Aufkommen gezweifelt wird. Gestern ist in der Lach ein Flieger abgestürzt, ganz verbrannt es waren so Flugschüler von dem Mannheimer Flugplatz, von dem Pilot war nichts mehr zu sehen, als ein Teil vom Kopf es war auch eine Aufregung. Frau Hofstatt in der Neustraße (wo Philipp Heß früher wohnte) hat sich in der Nacht wo die Flieger so gehaust haben, im Klebsandweiher ertränkt, ja oft meine ich auch ich könnte es nicht lange mehr mitmachen aber mein Kind gibt mir immer wieder den Halt. Liebling schreibe mir doch so oft Du kannst, damit ich doch nicht soviel unnötige Sorge habe.
Nun sei für heute tausendmal gegrüßt u. geküßt von Deinem an Dich denkenden Lenchen u. Dalieschen
hast Du den Muttertag vergessen??

---

einem gefallenen deutschen Soldaten gefunden

> 24.7.42.
>
> An das
> Oberkomm. der russischen
> Wehrmacht.
>
> Ich bitte gehorsamst
> diesen Brief nach Deutsch-
> land transportieren zu
> lassen. Er ist an meine
> Tante gerichtet, die meine
> Angehörigen von meinem
> Schicksal unterrichten
> wird.
>
> Bernd v. Kügelgen
> Leutnant,
> J/148

Aus einem Flugblatt unter Verwendung eines persönlichen Briefes vom Sommer 1942, vergleiche Seite 75

Kennt Ihr ihn?

Ltn. Bernt von Kügelgen. (1.|IR 418 123. ID) befindet sich z. Zt im Kriegsgefangenenlager Nr. 270. Gesundheitlich geht es ihm jetzt besser. Bald ist er wieder wohlauf.

Kommi sar des Lagers Nr. 270

24.7.42

Liebe Tante Giselein

Ich gebe Euch heute die Nachricht, dass ich lebe. Am 19. bin ich verwundet in russische Kriegsgefangenschaft geraten. Ich werde gut behandelt und hoffe nach Kriegsende Euch alle wohl wiederzusehen.

Meine Verwundung ist unangenehm, jedoch nicht gefährlich. Beide Füsse sind am Blatt durchschossen, die Knochen scheinen dabei keine ernsthaftern Verletzungen erlitten zu haben. Heute oder Morgen erwarte ich meine Überführung in ein Lazarett, wo ich bleiben soll bis ich endgültig gesund geworden bin.. Schöner wäre es ja, wie im vergangenen Herbst, wieder meine Wunden so weit von zu Hause aus heilen zu können. Doch wie einen da, Kriegsglück und -geschick führt, so muss man das Leben nehmen.

Ich hoffe, dass die Zeit meiner Gefangenschaft nicht allzulange dauern wird. Bitte Dich nur alle die mir lieb und wert sind, von meinem Schicksal zu unterrichten und bin immer Dein

Bernt

Aus der vierseitigen Flugschrift mit dem Titel
»Das zweite Kriegsweihnachten am Ilmensee«, Ende 1942

An die deutschen Flieger

Das Schicksal der Brüder von Malapert

Am 11. September 1941 wurde im Frontabschnitt südlich des Ilmensees eine Me-109 im Luftkampf abgeschossen. Der 20-jährige Flieger-Leutnant *Peter von Malapert* geriet in die Gefangenschaft. Zunächst bebte er an allen Gliedern, sobald sich ein russischer Offizier ihm näherte. Er wartete auf die berüchtigten einsehen, dass er von seinen verlogenen Führern betrogen worden war...

Sein übersprudelndes Temperament, sein soldatisches Ehrgefühl schlossen jegliche Halbheiten aus. Peter von Malapert schrieb einen offenen Brief an seine Kameraden, an seinen Bruder, der auch bei der Luftwaffe war. Er

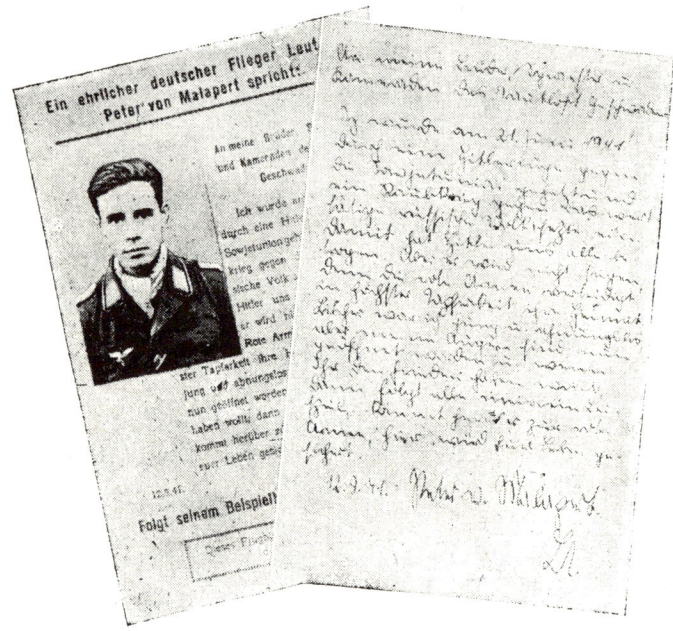

Folterungen und glaubte sich des Todes... Aber Tag um Tag vergingen, und der frühere Hitlerjunge und „fanatische National-Sozialist"—so hat er sich uns vorgestellt—begann manches zu begreifen. Er sah, dass alle ihm früher eingetrichterten Vorurteile und Nazi-„Ideen" zu den Tatsachen, zur Wirklichkeit im krassen Widerspruch stehen; der ehrliche junge Mann musste forderte sie auf, den ungerechten und sinnlosen Kampf aufzugeben und ihm in die Gefangenschaft zu folgen.

Leutnant *Peter von Malapert* warnte seinen Bruder. Aber die Warnung blieb nicht erhört...

Wie Leutnant Joachim Sagasser (5./LNReg. 34) in der Zeitung der deutschen Kriegsgefangenen „Das Freie Wort" v. 12.10 42 schreibt,

Doppelseitiges Flugblatt vom Herbst 1942

wurde durch die Goebbelssche Lügenpropaganda ein Gerücht verbreitet, *Peter v. Malapert* „gesteinigt und... als standhafter Märtyrer gestorben" sei.

Wir wissen nicht, ob die Eltern und die Geschwister des jungen Leutnants dieser gemeinen, typischen Goebbelsschen Lüge glaubten. Wenn ja, dann sind sie besonders zu bedauern.

Anfang Juni fiel an der Ostfront ihr ältester Sohn, Hauptmann *Georg von Malapert*, Ritterkreuzträger und Jagdflieger.

Ein hoffnungsvoller, lebensfroher junger Mensch wurde seinen Lieben geraubt. Trostlos ist deren Kummer.

Doch mag sie die Gewissheit trösten, dass ihr zweiter Sohn und Bruder, der dunkeläugige lustige Peter ihnen erhalten bleibt.

Peter von Malapert lebt, ist gesund und munter und hat in den 14 Monaten Gefangenschaft manches gelernt.

Nach Kriegsende kommt er als treuer Sohn seiner Eltern, seiner Heimat zurück.

Das zweierlei Schicksal der Brüder von Malapert ist ein prägnantes Sinnbild des Schicksals aller ihrer Kameraden:

Entweder — *der Tod im sinnlosen verlorenen Kampf,*

Tod für die Betrüger ihres Volkes, für die sowieso bankrotten politischen Abenteurer,

oder — *das Leben in ehrenvoller russischer Gefangenschaft,*

Leben, das für das eine Glück, für die Lieben erhalten, dem zukünftigen freien Deutschland dienen wird.

DEUTSCHE FLIEGER!

Startet mit Euren Maschinen und landet auf irgendeinem dazu geeigneten Platz in unserem rückwärtigen Gebiet, wie dies bereits die Flieger Leutnant *Bodo Helms*, Uffz. *Kurt Philipp*, Uffz. *Werner Schuhmacher* (7. Staffel des 5. Kampfgeschwaders) u. a. m. getan haben.

PASSIERSCHEIN

Gilt für unbeschränkte Zahl deutscher Fliegeroffiziere und Mannschaften. Ist bei der Landung auf russischen Flugplätzen oder bei Begegnung mit russischen Soldaten und Zivilisten vorzuweisen.

D—256

ПРОПУСК

Годен для неограниченного числа немецких летчиков-офицеров и солдат. Должен быть предъявлен при посадке на русских аэродромах или при встрече с русскими солдатами и гражданами.

Titelblatt eines vierseitigen Flugblattes vom Anfang 1943

Ein Brief aus russischer Gefangenschaft

Kameraden! 1.1.43

    Nachfolgend genannte Kameraden geben euch einen kurzen Bericht über ihre Gefangennahme und über ihre Erlebnisse in russischer Kriegsgefangenschaft. Stabsfeldwebel Huhmann, Obergefreiter Schäfer, Gefreiter Clemens, Bernau, Gerds, Grenadier Grabitz, Zur, Hesse, und Unteroffizier Klich. Alle Genannten, außer Unteroffizier Klich waren Angehörige der 5.Kp.Gr.Rgt. 422, 126 Inf.Div. Unteroffizier Klich war Angehöriger des Stabes des II. Batl.Gr.Rgt. 422, 126 Inf.Div.
    Wir wurden am 28.11.42 bzw. am 2.12.42 gefangen genommen und befinden uns nun in einem Kriegsgefangenenlager südostwärts des Ilmensees. Wir sind bis auf den Grenadier Hesse, der verwundet ist und in einem Lazarett liegt, gesund. Leutnant Gerstacker und Gefreiter

Aus dem Flugblatt mit einem handgeschriebenen Brief
vom 1. Januar 1943. Der Wortlaut ist aus Gründen besserer
Lesbarkeit gesetzt und vollständig wiedergegeben.

Eine Gruppe Kriegsgefangener Soldaten aus dem IR 422 der 126. ID   Stabsfeldwebel Paul Huhmann
(5/IR 422, 126. ID)

Kraus fielen am 2.12.42 kurz vor unserer Gefangennahme. Wir befanden uns damals in einem Bunker am linken Flügel unserer Stellungen um dort die Dunkelheit abzuwarten, um uns dann zurückziehen zu können. Kurz vor dem Eintritt der Dunkelheit standen plötzlich etwa 100 Russen und sechs Panzer kurz vor unserem Bunker. Leutnant Gerstakker und Gefreiter Kraus sprangen aus dem Bunker heraus und schossen. Sie fielen gleich darauf einige Meter vor dem Bunker durch Maschinenpistolengarben. Wir blieben in dem Bunker und wurden kurz darauf von den Russen aus dem Bunker geholt und entwaffnet. Der Schrecken des Todes stand uns allen auf dem Gesicht, denn wir glaubten alle, daß wir bald darauf erschossen werden würden. Nachdem man uns entwaffnet hatte, führte man uns zu den etwa 50 Meter von dem Bunker stehenden Panzern und stellte uns in Linie vor einem Panzer auf. Wir glaubten, dies sei nun unsere letzte Stunde. Jedoch nichts geschah, man befahl uns rechts um zu machen und den Posten zu folgen. Wir waren tatsächlich sehr enttäuscht, daß wir nicht erschossen werden sollten.

Kurz darauf kamen wir zu einem Oberstleutnant, einem Rgts.-Kdr., zum Verhör, Nach dem Verhör schliefen wir eine Nacht in einem warmen Bunker, erhielten am nächsten Morgen gutes Brot und eine gute warme Suppe und marschierten dann zu einer anderen Dienststelle. Dort wurden wir in einem Hause untergebracht, wo wir auch noch andere Kameraden vorfanden. Dort erhielten wir täglich 400 gr. Brot, 1x warme Suppe und etwas Zucker. Arbeiten brauchten wir nicht. Nach einigen Tagen fuhren wir mit einem Lastkraftwagen zu einem Bahnhof und von dort aus mit der Eisenbahn zu einem anderen kleinen Lager. In der Eisenbahn saßen wir mit der russischen Bevölkerung in einem Wagen, und was für uns besonders interessant war, auch mit etwa 15 vom

Einsatz zurückkehrenden Partisanen, und einigen verwundeten russischen Soldaten. Die Soldaten gaben uns Brot und die Partisanen Tabak. Wir unterhielten uns über Krieg und über Land und Leute, so gut es eben ging.

In diesem Lager, in welchem wir etwa 6 Tage blieben, wurden wir ganz gut verpflegt und <u>ärztlich versorgt</u>. An Verpflegung erhielten wir 400 gr. Brot, 2x warme Suppe, 1x Kaffee oder Tee und etwas Zucker. Wir brauchten auch dort, außer etwa 1 Stunde Holz zubereiten oder Wasser holen keine Arbeiten zu verrichten. Von dort ging es dann wieder mit der Eisenbahn weiter zu einem anderen Lager, in welchem wir uns heute noch befinden. Wir liegen hier in Holzbaracken mit Heizung und mit Strohlager. Jeder Mann wird in dem Lagerkrankenrevier ärztlich versorgt und geimpft. An Verpflegung erhalten wir hier 600 gr. Brot, 2x warme Suppe, Fisch, 1x Tee und etwas Zucker.

Während der ganzen Gefangenschaft hat uns niemand ein Haar gekrümmt, wir wurden nicht beschimpft, nicht geschlagen oder mit der Waffe bedroht; sondern anständig behandelt.

Zum Weihnachtsfeste hat uns ein Tonwagen Musik vorgespielt und uns Weihnachtslieder singen lassen. Heute Abend feiern wir wieder mit Musik und Vorträgen Sylvester. Kameraden, ihr seht, es geht uns gut. Wir grüßen nun alle Kameraden der 5. Kp., besonders Uffz. Tusche, Obfw. May, Uffz. Röttgers, Uffz. Eu...(unleserlich), Uffz. Verborg und »demnächst« auch den Hauptfeldwebel, Stabsfeldwebel Kröger.

Mit den besten Glückwünschen zum neuen Jahre rufen wir euch ein kräftiges »Prosit Neujahr« zu und wünschen uns ein recht baldiges Kriegsende, damit wir wieder in einem neuen Deutschland glücklich leben können. Gebt bitte unseren Angehörigen in der Heimat Nachricht.

Unterschriften

Kriegsgefangenenpost

Der sehnlichste Wunsch aller deutschen Soldaten und Offiziere, die sich in russischer Kriegsgefangenschaft befinden, ist Ihren Lieben in der Heimat auf schnellstem Wege ein Lebenszeichen von sich zukommen zu lassen.

Im Namen dieser Kriegsgefangenen appellieren wir hiermit zum kameradschaftlichen Gefühl der deutschen Soldaten und Offiziere. Alle, die das vorliegende Blatt in die Hand bekommen, werden ersucht, die hier abgedruckten Briefe nach der angegebenen Anschrift per Post oder mit Hilfe von Verwundeten und Urlaubern weiterzuleiten.

FOLGE 35   SEPTEMBER 1942.

324

An Frau W. Priebe in Bad Oldesloe, Reimer Hansenstr.

Vom Obgefr. Ewald Priebe, 10./A. R. 215.

Mein liebes Frauchen und Jürgen!

Ich befinde mich seit Juli in russischer Gefangenschaft. Es geht mir hier gut. Du brauchst um mich keine Sorge mehr zu haben. Wir erwarten das Kriegsende, welches hoffentlich bald kommen wird. Dann, mein lieber Schieter und Burschielein schlägt auch uns die glückliche Stunde des Wiedersehens. Grüße auch unsere Eltern und die Altonaer sowie die in Wismar alle recht herzlich von mir.

Viele herzliche Grüße und Tausend Küsse.

Euer lieber Vati und Männe.

Aus einer losen Folge von Flugblättern mit dem Titel »Kriegsgefangenenpost«

325

An Frau Fr. Lübcke
Tesdorf i/Mecklenb. über Ratzeburg.
Vom Wachtm. Karl Lübcke, 10./A. R. 215.

Ihr Lieben!

Teile Euch mit, daß ich am 10. Juli in russische Kriegsgefangenschaft geraten bin. Macht Euch aber keine Sorgen. Mir geht es hier gut. Das Essen ist ausreichend, und die Arbeit ist gut zu machen. Wie geht es Euch? Seid Ihr alle gesund? Ihr habt wohl bestimmt viel Arbeit jetzt in der Ernte. Hoffentlich ist das Wetter gut. Hier regnet es sehr viel. Was macht Annie mit dem Kleinen? Ist sie noch bei Euch? Da ist doch wenigstens noch etwas Leben im Haus. Nun will ich schließen. Grüßt alle Bekannten und Verwandten und vor allen Dingen Grete. Also nochmals alles Gute und macht Euch keine Sorgen um mich.

Herzliche Grüße.
Euer Karl.

327

An Familie Robert Normann
Berlin N. 31, Usedomerstr. 30.
Vom Uffz. Günther Normann, 1./JG 54.

Liebe Eltern!

Ihr werdet sicherlich von der Staffel schon Nachricht bekommen haben, daß ich am 25.6. von einem Feindflug nicht zurückgekehrt bin.

Seit diesem Tage befinde ich mich in russischer Kriegsgefangenschaft. Es geht mir den Verhältnissen entsprechend gut, wir können hier arbeiten und bekommen ausreichend zu essen.

Liebe Eltern, nun wollen wir hoffen, daß der Krieg recht bald zu Ende ist und uns auf ein Wiedersehen freuen. Euer Günther.

328

An Herrn Heinz Mühlsiepen
Dortmund, Göringstr. 25.
Vom Obergefr. Wilhelm Quäst, JR 96, 32. Div.

Meine lieben Eltern!

Teile Euch hierdurch mit, daß ich mich seit dem 5.6.42 in russischer Kriegsgefangenschaft befinde. Ich weiß Euch einer großen Sorge enthoben, wenn ich Euch mitteilen kann, daß ich gesundheitlich wohlauf bin. Die Behandlung im Lager ist gut, ebenfalls die Verpflegung. Hoffen wir, daß der Krieg bald ein Ende nimmt, damit Ihr Euren Jungen wohlbehalten in Eure Arme schließen könnt. Bitte auch meiner Feldtruppe von meiner Gefangenschaft eine kurze Mitteilung zu machen, da dann das Gehalt weiter läuft. Es grüßt und küßt Euch herzlichst

Euer Willi.

329

An Frau Margarete Kuhn,
Berlin O.34, Ermelerstr. 12.—IV.
Vom Obergefr. Herbert Kuhn, 13./JR 418.

Mein liebes Gretchen und Helgalein!

Wenn Du diese Zeilen erhältst, wirst Du wohl bittere Stunden hinter Dir haben, ich nehme an, daß Du denn schon Nachricht erhalten haben wirst, daß ich als vermißt gelte. Nun, wie Du siehst, bin ich noch am Leben. Ich bin in russische Gefangenschaft geraten und warte jetzt auf den Abtransport in ein Gefangenenlager. Sowie ich in einem Lager bin, werde ich Dir auch meine Adresse schreiben, damit Du mir auch schreiben kannst. Tu es dann bitte sofort, denn ich warte jetzt noch sehnsüchtiger auf Post von Dir als früher.

Grüße unsere Familie von mir, alle Bekannten. Bleib mir auch weiterhin treu und behalte mich so lieb, wie ich Dich aufhalten werde und lieben. Nun seid beide recht, recht innig gegrüßt von Eurem Euch nie vergessenden

Helsch und Vati.

330

An Fr. Käthel Mielich, Deutschland, Jauer i/Schl., Altjauerstr. Nr. 27, Katzbachgebirge.

Von Hermann Mielich, J.R. 38, 8. Div.

Meine liebe Frau und Tochter!

Seit dem 19. 7. befinde ich mich in der Gefangenschaft, worüber ich Dir nur Gutes schreiben kann, worüber Du Dich verlassen kannst. Mir geht es sehr gut. Gesundheitlich bin ich auf der Höhe: Essen, Trinken schmeckt, auch eine gute Zigarette, welche ich dabei rauche. Befinde mich in einem Durchgangslager, komme demnächst in ein Hauptlager, von da aus ich Dir weiteres schreiben werde. Vom Toben und Brausen des Krieges hör und sehe ich nichts mehr, warte nur noch auf Beendigung des Krieges und ein glückliches gesundes Wiedersehen in der Heimat. Wie geht es Dir und meinem kleinen Töchterchen? Hoffentlich recht gut, auch gesundheitlich, was ich Euch vom ganzen Herzen immer wünsche. So will ich meine Zeilen beenden und Dir nochmals ans Herz legen: Sei unbesorgt um mich, es geht mir gut. Auch die Stunde wird schlagen, wo wir uns wiedersehen.

So sei Du, mein liebes Frauchen wie Tochter, aufs herzlichste gegrüßt und alles Gute

von Eurem lieben Vater.

331
An Familie Peter Noelen,
Nordhausen a/Ha Riemanstr. 12
Vom Leutnant Noelen, 6./J. G. 54

Geliebte Eltern,

Inzwischen habt Ihr sicher erfahren, daß ich in russischer Kriegsgefangenschaft bin. Vielleicht hat es das Schicksal gerade gut gemeint und mich vor schlimmerem bewahrt. Um mich braucht Ihr wirklich keinen Kummer zu haben. Wenn ich im richtigen Hauptlager bin, gebe ich Euch meine Anschrift von dort. Bis dahin geht die Post über die Redaktion.

Nun nochmals, geliebte Eltern, Kopf hoch, bald werde ich Euch in die Arme schließen können, dann werden wir vor Freude lachen und weinen. Nur stark sein. Ich bin voller Zuversicht und hoffe von Euch, das gleiche. Grüßt alle Verwandten und Bekannten.

Ich grüße Euch, liebe Eltern, auf das herzlichste, und baldiges Wiedersehen.

Euer Walter.

332
An Frl. Tine Grob,
Etsdorf am Kamp, Niederdonau.
Vom Obgefr. Leo Höhn, 5. Rgmt., 13. Komp.

Liebe Tine und Mutti!

Tausend Grüße und Küsse aus weiter Ferne wünscht Dir und Deinen Eltern Euer treubleibender Leo. Vielleicht hast Du schon von der Kompanie gehört, daß ich in der Gefangenschaft bin, ich bin gesund und munter. Vor allen Dingen geht es mir gut, was ich auch von Dir, liebe Mutti, hoffen kann. Kann Dir leider noch nicht meine Adresse angeben, aber auch das wird bald geschehen.

Liebe Mutti, denke an Deinen Vater, der war auch in russischer Gefangenschaft und lebt heute glücklich, auch bei uns wird dies der Fall sein.

Es grüßt und küßt Dich und wünscht Dir von Herzen alles Gute

Dein treubleibender Leo.

Folge 56   *Februar 1943*

Nachstehend angeführte Kriegsgefangene wenden sich an ihre Kameraden im Felde mit der Bitte, ihre Angehörigen zu benachrichtigen, dass sie wohlauf sind und sich in der Sowjetunion in Kriegsgefangenschaft befinden.

4756. Ogfr. H. Haar Fpn. 35375A Herrn Heinrich Haar, Posen-Wartegan, Westmarks r. 3 W. 8.
4757. Ogfr. R. Kock Fpn. 35375 C Frau Kock, Wesselbaren/Holst., Strasse der SA 21
4758. San. Feldw. F. Gichel Fpn. 35375 A Herrn Teo Gischel, Nasteltcu/Taunus, Gaswerk
4759. Ogfr. W. Rohde Fpn. 35375 C Herrn Wilh. Rohde, Krakow/Mecklbg., Bahnhofstrasse 20
4760. Gefr. U. Otto, Fpn. 20812 Frau Otto Fogelsang/Grünholz, Kr. Eckernförde (Holst.)
4761. Ogfr. Helmut Schmidt Fpn. 35375 C Ernst Schmidt, Braak/Hamburg, Post Stagefeld
4762. Gefr. Gerhard Meeren Fpn. 35375 B Frau Meeren, Pochenkrug/Wittmund, Ostfriesland
4763. Sold. aus Frankfurt AR 225 Frau Paula Frankfurt, Hamburg/Wansbeck, Steinhardenbergstr. 134
4764. Ogfr. Heinrich Baehr AR 225 Frau Gretel Baehr, Hamburg Eidelstedt Elbgaustr. 25
4765. Ogfr. Fritz Voss Fpn. 35375B Frau Voss, Rechorst b./Reinfeld/Hest.
4766. Ogfr. Karl Brandt Fpn. 38773 Herrn Adolf Brandt, Westerland/Sylt. Norderstr. 40
4767. Oschtz. Clemens Dusowski Fpn. 12201 D Herrn Dusowski, Berend/Wrt. P. Wasserstr. 17
4768. Gefr. Karl Duller Fpn. L 39292 Herrn Karl Duller, Gross Wilfersdorf 42, Steyermark
4769. Sold. Helmuth Leithäuser Fpn. 38773 Herrn Emil Leithäuser, Hamburg/Wansbeck, Am Husarendenkmal 26
4770. Oschtz. Albert Reschinski Fpn. 12201 D Herrn Wladislaus Sier, Ratstube, Kr. Dirdrau, Westpreussen
4771. Sold. Alfred Bauer Fpn. 36960 D Frau Auguste Bauer, Dortmund, Antoniusstr. 30
4772. Gefr. Leopold Beckers Fpn. 17904 D Frau Beckers, Ludwigshafen, Reinfeldstr. 65
4773. Gefr. Kurt Gottschalk Fpn. 21795 Herrn Michael Gottschalk, Bollewig/Röbel/Meklbg.
4774. Uffz. Herst Minklei Fpn. 21795 Frau Frida Minklei, Durow/Neu Stettin, Pommern
4775. Ogfr. Joachim Krolm Fpn. 21795 Bechert Krolm, Butow/Pomm. Bismarckstr. 13
4776. Schtz. Hugo Buchholz Fpn. 25566 D Frau Buchholz, Solingen, Scheidterstr. 15
4777. Ogfr. Horst Apelt Fpn. 10573 A Herrn Max Apelt, Heuerswerda/Ob Rotenerstr. 2
4778. Sold. Franz Prylski Fpn. 30084 D Frau Prylski, Hamburg./Harbg. Neue Strasse 39
4779. Ogfr. Claus Brand Fpn. 35373 C Herrn Gerd Brand, Brähmer, Bürde.
4780. Gefr. Franz Zimmer Fpn. 17904 C Herrn Nic. Zimmer, Lipbar b. Köln, Karl Schurzstr. 81

Aus einem Flugblatt mit dem Titel »Kriegsgefangenenpost«

Folge 17   **September 1942.**

> In unsere Hand fallen oft Soldatenbriefe, deren Absendung durch den Tod des Schreibers verhindert wurde.
>
> Diejenigen dieser Briefe, die eine Anschrift haben, bzw. deren Adressat an Hand der anderen Papiere des Schreibers festgestellt werden kann, werden von uns im vorliegenden Extrablatt abgedruckt, um ihre Zustellung an die Hinterbliebenen zu ermöglichen.
>
> Wir ersuchen alle deutschen Soldaten und Offiziere, die dieses Blatt in die Hand bekommen, die hier abgedruckten Briefe per Post oder mit der Hilfe von Verwundeten und Urlaubern weiterzuleiten und somit ihre letzte Pflicht den gefallenen Kameraden gegenüber zu erfüllen.

An Herrn Karl Brauer,
      Teterow, Gartenstr. 3.
Vom Obersoldaten Brauer, Fpn. 04747.

                                                        den 17.7.42.

     Liebe Eltern!

Ihr schreibt von Sachen, was ich schon lange habe, auch von Einzelheiten, die ich schon weiß. Die Post kommt so unregelmäßig. Wenn Paping auch noch wieder eingezogen wird, bist Du wieder allein. Es wäre zu schade, aber es ist nichts beizumachen. Hoffentlich kommen wir bald mal raus hier aus Rußland. Wache muß man stehen von abends 10—12 Uhr, um vier Uhr zieht man schon wieder und dann alle vier Stunden. Es ist schlimm. Bei uns sind welche, die keinen Urlaub seit 20 Monaten gehabt haben. Mit dem Urlaub ist es schlimmer als im Kriege 1914—1918. Wer hier aus Rußland heil rauskommt, der hat Glück. Wir stehen hier immer in Wasser und Sumpf. Eine Gruppe hat immer eine Stellung zu besetzen von 400—500 Metern mit 6 Mann. Es ist schon was los. Wenn das der Führer wüßte, was hier für Mist gemacht wird! Meine Stiefel sind ganz kaputt, der Schaft hängt

Flugblatt mit Briefen gefallener deutscher Soldaten

mir noch so mit am Stiefel. Das Zeug alles kaputt und dreckig. Man hat keine Ruhe, man ist so müde. Es wurde gesagt, daß wir bald abgelöst werden. Möchte nicht nochmal so eine Kälte mitmachen. Habe ja im März noch was von abbekommen. Der ganze Krieg ist ein Morden. Wenn er nur erst ein Ende hätte. Unsere Kompanie war auch mal 120 Mann, aber heute ganz schön zusammengeschmolzen. Es ist bloß ein Elend. Nun für heute genug. Ich hoffe doch, daß es am Ende noch alles gut geht. Viele Grüße von

Willi.

An Frau M. Sperber,
    Ratendorf, Kr. Alzen, Hannoverland.
Vom Soldaten Fritz Sperber, Fpn. 23287 D.

b. 13.8.42.

Liebes Mariechen! Teile Dir mit, daß ich Deinen Brief mit Zigaretten erhalten habe. Mir geht's ganz gut, was ich auch von Euch hoffe. Liebe Marie, eins muß ich Dir mitteilen, daß ich immer einen großen Hunger habe, Du glaubst gar nicht, was ich jetzt zu essen bekomme. Wenn Du mir etwas schicken kannst, dann bitte aber Fett, am besten Speck, aber kein Schinken, wenn auch die Päckchen klein sind, so schicke paar mehr. Manchmal muß ich meine Verpflegung von Abend bis zum anderen Mittag erwarten, und dann reicht das Essen nicht aus. Deshalb habe ich so großen Hunger. So, nun will ich schließen. Nun seid alle recht schön gegrüßt.

Fritz.

An Frau Gertrud Schieweg,
    Berlin/Charlottenburg, Kaiser Friedrichstr. 17.
Vom Gefr. Schieweg, Fpn. 11906.

den 26.7.42.

So, meine süßen Leute, sollt Ihr von Eurem lieben Vati wieder einen schönen Brief bekommen, weil ich ja nach Euch gar so große Sehnsucht habe.

Hier draußen wird man, ob man will oder nicht, langsam aber sicher verrückt, keine Minute vergeht, wo ich nicht an Euch denke und an die vergangene schöne Zeit, ja ich lebe nur noch von der Erinnerung und der Hoffnung, daß es noch mal so werden könnte, wie es einst war. Noch nie habe ich es so schwer empfunden als jetzt. Keine Abwechselung hat man hier, immer und immer wieder das gleiche Bild vor und kein zurück, und mit dem Urlaub weiß man auch nicht, wenn man an der Reihe ist. Es ist nicht schön, so von allen abgeschnitten zu sein. Post habe ich schon lange kein erhalten. Muß jetzt aufhören, bin mit Wache an der Reihe, nachher schreibe ich weiter.

Vati.

Heimatbriefe

Folge 29   **Januar 1943**

Bei der Schriftleitung des «Soldatenfreund» laufen täglich mehrere Briefe aus Deutschland ein, die auf dem Schlachtfelde gefunden werden.

Trotz der strengsten Verbote der deutschen Behörden, über die Lage in der Heimat auch nur etwas abfälliges zu schreiben, enthalten die meisten Heimatbriefe schlichte und wahrheitsgetreue Schilderungen der Leiden, welche Hitler durch seinen Raubkrieg über das deutsche Volk heraufbeschworen hat.

Lest diese Briefe und erfahrt die Wahrheit!

„Es ist mit allem sehr schlecht..."

An den Gefr. Konrad Schwarzer, Fpn. 11356E von Frau Rosalie Schwarzer, Burgstätte, Oppeln Land.

Liebes Kind!   Burgstätte, den 22.11.42.

Ich erfüllte Dir ja Deine Wünsche sehr gern, wenn ich bloss alles kriegte, was Du Dir wünschst. Ich habe Dir heute ein Kilo-Päckchen weggeschickt. Es ist Wurst, Feldpostbriefe, 2 Schachtel Zigaretten, Hautkreme, der Kamm und gar Pretzel drin... Liebes Kind, Lichter gibt es bei uns schon lange gar nicht mehr. Ich hätte Dir gerne welche mitgeschickt aber es gibt in der ganzen Stadt keine. Schreibpapier ist ja auch schlecht zu kriegen, überhaupt Kuverts und grosse Feldpostbriefe gibt es auch nicht. Nur die kleinen, und Kamm konnte ich Dir auch nur einen alten schicken, denn es ist auch nicht zu kriegen. Es ist mit allem sehr schlecht. Das ist mein letztes Kuvert, den ich heute wegschicke. Ich weiss nicht, wenn ich wieder welche bekomme... Liebes Kind, Speck kann ich Dir augenblicklich nicht schicken, denn ich habe keinen mehr. Kein Fleisch, und Marken bekomme ich auch noch nicht. Die Wurst hat die Ida mit ihren Marken gekauft... So, das wäre jetzt alles, was ich Dir zu schreiben hätte. Viel neues gibt es nicht bei uns. Es grüsst Dich herzlich Deine

Mutter

„So darf es nicht länger weitergehen!"

An einen Unbekannten   Carolinenhof, den 29.10.42.

Lieber Bruder!

In bester Gesundheit habe ich gestern Deine beiden Briefe erhalten. Gott verlässt die Seinen nicht. Der Krieg hat in letzter Zeit in Barssel viel Opfer gefordert: nämlich: Hoffman, Roggenberg, Lükassen, Lammert und Jauing. So darf es nicht länger weitergehen! Wie Du sicher schon weisst, ist Willi Herzog und Klemens Lücke schwer verwundet. Klemers hat einen Blasenschuss, hat sich schon ganz rund gelegen und wär in 3 Monaten noch nicht transportfähig. Willi Herzog hat es am Oberarm und Nacken. Am schlimmsten ist Klemens Flothmatsen dran, der hat beide Beine weg, eins überm Knie und das andere 15 cm unterm Knie. Nun mit den besten Grüssen verbleibe ich Dein Schwesterchen

Front-Humor und Karikaturen

Zeichnungen Gefr. Joh. H.
Text Ogefr. a. D.
Fritz Bunkerhocker

Die eins-zwei-drei (123. ID)

Ein Jahr am Ilmen ist vorbei,
Es wurden Tausende begraben,
Doch muss die arme eins-zwei-drei
Dahin im Tango-Tempo traben.

Ihr ew'ger Partner ist der Tod,
Und immer geht's auf gleiche Weise:
EIN Schritt voran mit Müh und Not,
ZWEI seitwärts, DREI zurück, im
　　　　　ew'gen Zauberkreise...

Der Totenkopf (SS-T-Division)

Den Totenkopf trug mancher
　　　　　　munterer Knab'
Im Spiegel als Zeichen der
　　　　　　mutigsten Recken.
Doch Tausende jagte Herr Eicke
　　　　　　ins Grab,
Um sich das Ritterkreuz
　　　　　　anzustecken.
Es sitzt ihm so herrlich, so
　　　　　　prunkvoll am Kropf,
Und Totenkopf folgt auf Totenkopf...
Ja, Totenkopf! Warnung für
　　　　　　Feinde? — Nein, bloss
Das Sinnbild von eigenem
　　　　　　schrecklichen Los!

Die Sumpf- und Moordivision (30. ID)

Ein ganzes Jahr am selben Fleck,
Im Sumpf und Moor, im Blut und
　　　　　　Dreck.
Deswegen nennt man euch zum
　　　　　　Hohn
«Die Sumpf- und Moordivision».
Von hier aus gibt es kein zurück!
Nur der, wer sich ergibt, hat Glück!

Aus dem doppelseitigen Flugblatt »Die alten Ilmen-Divisionen«
von Lew Kopelew alias Fritz Bunkerhocker

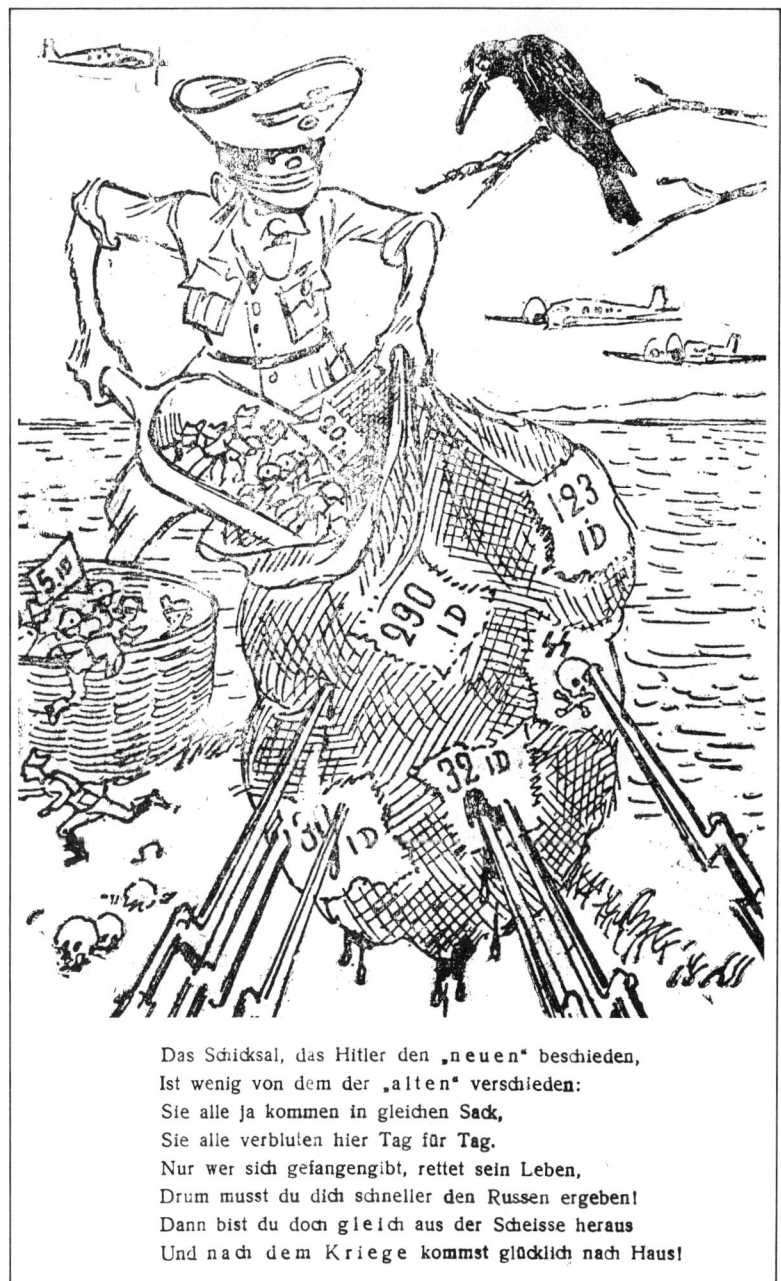

Das Schicksal, das Hitler den „neuen" beschieden,
Ist wenig von dem der „alten" verschieden:
Sie alle ja kommen in gleichen Sack,
Sie alle verbluten hier Tag für Tag.
Nur wer sich gefangengibt, rettet sein Leben,
Drum musst du dich schneller den Russen ergeben!
Dann bist du doch gleich aus der Scheisse heraus
Und nach dem Kriege kommst glücklich nach Haus!

„Die Löwendivision"
(32. ID)

Von der Oder zum Ilmensee sind
  sie marschiert
Als «Löwendivision»:
Geblutet... gefroren... entnervt...
  dezimiert
Sie haben doch stur bis zum Letztem
  pariert
Dem Bluthund, der sie in die
  Schlappen geführt
«Die Löwen»... welch bitterer Hohn!

„Bloss die Nummer
geblieben..." (290. ID)

Von der 290. ist nicht viel zu
  sagen...
Ein Landser hat kurz und bündig
  geschrieben:
«Wir wurden drei Mal aufs Haupt
  geschlagen,
Und zwei Mal richtig aufgerieben».
Und General von Wrede hört' ich
  selber klagen:
«Von meinem Haufen ist bloss die
  Nummer geblieben»

LESEN UND WEITERGEBEN!

Aus dem doppelseitigen Flugblatt »Die alten Ilmen-Divisionen«

Tischlein deck dich!
Eslein streck dich!
Knüppel aus dem Sack!

Wer von Euch hat nicht in seinen sorglosen Kinderjahren dieses Märchen gelesen oder sich immer wieder erzählen lassen?

Und heute wo Ihr im dreckigen und feuchten Bunker dahinsiechen müsst, kommen Euch da nicht wieder diese Worte in den Sinn?

Tischlein deck dich!

Nicht für Dich, deutscher Soldat, auch nicht für Deine Lieben in der Heimat. Du und Deine Angehörigen erhalten z u w e n i g, um zu l e b e n, und z u v i e l, um zu s t e r b e n.

Die Bonzen jedoch, die Grossgrundbesitzer und Kriegsgewinner veranstalten Gelage mit den auserlesensten gastronomischen Erzeugnissen und grade darum befehlen sie Dir...

Eslein streck dich!

Streck Dich für diese Blutegel am deutschen Volkskörper!

Der Esel ist ein duldsames Vieh und darbt, bis er krepiert. Und wenn jemand von Euch meckert und seine wohlberechtigte Unzufriedenheit zum Ausdruck bringt, dann holt man den

Knüppel aus dem Sack,

d. h. die Gestapo und SS sorgen dafür, dass Ihr dehmütig und maulhaltend Euer Leben für diese parasitären Ausnutzer hingebt.

Nicht immer ist es der Knüppel, meist sogar die Maschinenpistole, mit der man Euch hier vorne ermutigt und Eure Lieben in der Heimat «ernüchtert.»

Deutscher Soldat! Diesmal ist es kein Märchen. Es ist die reine Wahrheit, und darum sei von nun ab deine Parole:

Raus aus dem Drecke!
Hitler verrecke!
Fort mit dem Nazi-Pack!

Südlich des Ilmensees

(Kesselballade)

Man schrie im Herbst von lauter Siegen,
Doch Millionen blieben liegen.

Und die am Leben noch geblieben,
Die mussten frieren, Kohldampf schieben,
Denn Pelze, Futter und Quartiere
Gibt es ja nur für grosse Tiere.
Der Russ' war schlau und hat zuletzt
Uns in den Kessel 'reingesetzt.
Da haben wir Befehl erhalten,
Die Stellung bis zum letzten halten.

Seite 1

Vierseitiges Flugblatt vom Anfang 1942 mit Versen von Lew Kopelew

Der General, der das befohlen,
Liess sich per Luft nach Deutschland holen.
So machten Brockdorff, Busch und Rauch,
Und selbst der wack're Eicke auch.
Wir haben schon die Nase voll,
Doch wird's wohl doppelt noch so toll.
Verzweifelt fragen die Soldaten:
„Was nun zu tun? Wer kann uns raten?"

Seite 2

Na, jeder, dem noch das Gehirn
Nicht angefroren an die Stirn,
Weiss: Nur ein Mittel kann es geben, —
Die Pfoten in die Höhe heben,

Dem Russen rufen aus der Weite:
„Sdajus, Towarisch, ne strelaite!"
Das heisst, damit es alle wissen:
„Ergebe mich, Kam'rad, nicht schiessen!"

Seite 3

> Dann ist es mit der Scheisse aus,
> Und nach dem Kriege geht's nach Haus!
> Und wenn die Generalstabsherrn
> Uns drohen aus der sich'ren Fern', —
> Wir werden nicht davor verzagen,
> Und ruhig kann der Landser sagen:
> „Fahrt selbst zur Hölle! Auf und marsch!
> Ich mach nicht mit! Leckt mich am Arsch!"
>
> *Gefr. Fritz Bunkerhocker.*

Seite 4

Ein Aufruf zur Gefangenschaft in Rätselform

9. November 1918

Soldaten!
Heut vor 24 Jahren,
Als Eure Väter noch Soldaten waren,
Da war's des Weltkriegs letzter Tag.

Im Westen folgten Schlag auf Schlag...
Die Heimat litt an Hungersnot...
Die Front blieb ohne Sprit und Brot.

Es wich zurück das müde Heer.
Das kränkte Kaiser Wilhelm sehr,
Er sah, dass er den Krieg verliert
Und war... als erster desertiert.

* *
*

Das war das wahre Novemberverbrechen!
Doch wenn die Nazis darüber sprechen,
Dann lügen sie Folgen in Ursachen um
Und schwatzen vom «Dolchstoss» dreist und dumm!

Den «Dolchstoss» erfanden die Herr'n der Etappe!
In Wirklichkeit kam erst im Westen die Schlappe.
Und dann nur nach Kaisers Desertion
Entflammte in Deutschland die Revolution.

Nun hat die Geschichte sich wiederholt,
Und Hitler hat Wilhelm bereits überholt:
Erst in Erfolgen, dann in Pleiten,
Sowie in Versprechungen ‹herrlicher Zeiten›
Verdun war für Wilhelm verhängnisvoll;

Vor Stalingrad aber ist's doppelt so toll...
Millionen Deutscher fielen im Osten,
Millionen steh'n auf verlorenen Posten.
Mag Adolf geschickter als Wilhelm lügen,
Das Volk kann man lang,
        doch nicht ewig betrügen.

Er weiss, worauf er zu warten hat.
Er kann sich nicht drücken, wie Wilhelm es tat,
Denn nirgendwo findet der Lump ein Asyl.
Drum treibt er ein blut'ges, verzweifeltes Spiel.
Der wahnwitz'ge Gerngross will keine Erben,
Und Volk und Staat reisst er mit ins Verderben...

Deutschland, erwache!
                        Die Zeit tut Not,
Vertreibe die Hetzer und sprenge die Ketten.
Auf, Landser, zum Kampfe für Freiheit und Brot,
Nur Hitlers Sturz kann Deutschland retten.
                      Fritz Bunkerhocker Obgefr. a. D.

Bezugsschein aufs Leben

(Soldatenballade von Fritz Bunkerhocker, Ogfr. a. D.)

In der Heimat gibt's zu essen,
Nur auf Punkte, streng bemessen.
Um zu rauchen, sich zu kleiden,
Muss man fleissig Marken schneiden.

    Scheine, Karten gibt es für
    Brot sowie Klosettpapier,
    Windeln sowie Leichentuch,—
    Markenplage! Kartenfluch!..

Und ein jeder—will er leben,
Muss um seine Punkte beben,
Denn nicht mal 'ne grüne Bohne
Kriegt man o h n e ...

Aufruf zur Gefangenschaft mit Anspielungen
auf die begrenzte Versorgung mittels Bezugsscheinen

Anders ist es beim Soldat'!
Er wird ja verpflegt vom Staat.
Kriegt gratis Schnaps und Schokolade,
Montur für's Feld und für Parade.

    Doch selbst der schönste Schweinebraten
    Schützt nicht vor Bomben und Granaten.
    Der schmuckste Rock kann auch nicht retten
    Vor Kugeln und vor Bajonetten,

Drum für das eigentliche Leben
Müsst' es beim Landser auch was geben.
Was—braucht man gar nicht viel zu raten:

Bezugsschein aufs Leben—
                             für jeden Soldaten

    Sei's Schütze, sei es Offizier,
    Ist ein **Passierschein** so wie hier.
    Doch ausserdem—und das die Krone,
    Das Leben kriegt man hier a u c h o h n e...

Dafür genügt der schlichte Gruss—
Die Rettungsworte—

        Russ sdajuss!

PASSIERSCHEIN
Gilt für eine unbegrenzte Zahl von deutschen Soldaten und Offizieren, die sich der Roten Armee ergeben.

ПРОПУСК
Действителен для неограниченного количества немецких солдат и офицеров, сдающихся в плен Красной Армии.

D—465

Der Russe steht schon dicht im Rücken,
Die Zang' ist zu, die Zeit tut Not.
Es hilft kein Türmen, und kein Drücken, —
Von allen Seiten kommt der Tod.

    Wer retten will sein liebes Leben,
    Muss schleunigst sich gefangengeben,

Dem Russen rufen aus der Weite:
„Sdajüs, Towarisch, ne strelaite!"

    Das heisst, damit es alle wissen:
    „Ergebe mich, Kam'rad, nicht
                    schiessen!"

HUMOR

Zeitgemässe Frage

Während der ununterbrochenen englischen Luftangriffe auf Köln steigt Frau Müller in einen Schutzkeller hinab und trifft dort Frau Blaschke.
— Tag, Frau Blaschke! Sagen Sie mal, sind Sie schon angekommen, oder noch nicht fortgegangen?

* * *

Bei der rumänischen Reiterei

— Seid ihr auf Budjennys Kavallerie gestossen?"
— Jawohl, Herr General!
— Wie sah sie denn aus?
— Weiss nicht Bescheid, Herr General, wir haben nicht ein einziges Mal zurückgeschaut

Im Osten

Karl: — Der Führer hat gesagt, vor Weihnachten ist der Sieg unser.
Paul: — Na, bei unserer Kompanie muss der Sieg schon morgen unser sein, sonst ist überhaupt keiner mehr da, um ihn zu feiern!

* * *

Im Berliner Ersatz-Laboratorium

— Heil Hitler! Endlich ist es mir geglückt, Ersatz-Schinken aus Kartoffelschalen herzustellen. Jetzt muss noch die wichtigste Frage gelöst werden: einen Ersatz für die Kartoffelschalen zu finden!

HUMOR

Hitler—Nobelpreiskandidat

Für die diesjährige Verteilung des Nobelpreises für Physik ist Adolf Hitler als Kandidat aufgestellt worden. Als Begründung wird angegeben, dass es ihm gelungen ist, einen „Blitz" zu erzeugen, der bereits beinah 8 Monate dauert.

* * *

Wandspruch für die Heimat

Ohne Fett ins Bett,
Kaum warm, wieder Fliegeralarm.

* * *

Wirklich kein Druckfehler

Die Meldung eines neutralen Kriegsberichterstatters aus Nordafrika lautete:
„Bei El Mekeli wurden 136 Italiener und 38 Maulesel gefangengenommen. Die Maulesel leisteten hartnäckigen Widerstand."

* * *

»Humor« aus den Tarnschriften »Feldzeitung« Nr. 318 (1941) und »Soldatenfreund« Nr. 7 (1942)

Zwei Angler

Am Landwehr-Kanal in Berlin sitzen zwei Angler. Der eine zieht einen Fisch nach dem andern heraus, während bei dem zweiten überhaupt keiner anbeisst.
— Mensch, Orje, wat is bloss heute los?
— Janz eenfach, wenn du wat fangen willst, musste dein Naziabzeichen abmachen.
— Wieso?
— Weil sich bei dir keener traut, det Maul uffzumachen.

Adolf:
Hermann, ich hab' ihn schon, er läßt mich aber nicht los!

Karikatur aus der »Feldzeitung« Nr. 318 (1941)

PREISAUSSCHREIBEN

Um einem dringenden Bedürfnis abzuhelfen, wird hiermit ein Wettbewerb ausgeschrieben, dessen Ziel darin besteht,

einen Ersatz für das Wort

BLITZKRIEG

zu finden, weil selbiges dank den glorreichen Misserfolgen des obersten Kriegsherrn Adolf Hitler ebenso jeden Sinn und Verstand verloren hat wie sein Erfinder.

Zweckdienliche Vorschläge

nimmt jeder Rotarmist entgegen. Alle Vorschläge sind **PERSÖNLICH** einzureichen und werden auf Wunsch vertraulich behandelt.

Als Belohnung

wird jedem Überbringer eines Vorschlags zugesichert:

1. Rettung des Lebens,
2. freie Unterbringung und Beköstigung,
3. gute Behandlung,
4. Rückkehr in die Heimat nach Kriegsende.

Zur Teilnahme am Wettbewerb ist berechtigt

JEDER ANGEHÖRIGE DER DEUTSCHEN WEHRMACHT,

auch wenn er die Nase vom Blitzkrieg noch nicht ganz voll hat.

Vom Vorschlag der Worte „S i t z k r i e g", „S p r i t z k r i e g", „F r i e r k r i e g" und „S c h e i s s k r i e g" wird gebeten abzusehen, da diese Bezeichnungen sich schon allgemein herumgesprochen haben.

Aus der Tarnschrift »Soldatenfreund« Nr. 7 (1942)

Ein geistreicher Bescheid

Dr. Goebbels fuhr mit der Strassenbahn. Als er am Hermann-Göringplatz und bald darauf am Adolf-Hitlerplatz vorbeifuhr, meinte er zum Schaffner, er soll ihm Bescheid sagen, wann die Strasse kommt, welche nach seiner Person benannt worden ist. Es dauerte nicht lange, da sagte der Schaffner zu Dr. Goebbels, dass es jetzt soweit wäre, denn jetzt kommt die Invalidenstrasse.

Wie muss eine Kuh sein?

Ein Grossbauer belehrt seinen Sohn:
— Willi, wenn du dir mal eine Kuh kaufen wirst, achte darauf, dass sie 1. so braun wie Hitler und 2. so fett wie Göring sei, dass sie 3. ein so grosses Maul habe wie bei Goebbels und 4. dass sie sich ausmelken lasse wie das deutsche Volk.

Aus dem Flugblatt »Witzwerfer«

Sein Schlager

*Uns're beiden Schatten
Sah'n wie einer aus;
Dass wir so lieb uns hatten,
Das sah man gleich daraus.*

Wie Fett erzeugt wird

Göring beauftragte sein Dienstmädchen, sie soll Bratkartoffeln zum Abendbrot zurecht machen. Als sie nach langer Zeit nicht erschien, ging Göring in die Küche. Dort bemerkte er das Dienstmädchen mit einer Hakenkreuzfahne am Herd stehen. Auf die Frage, was sie dort treibe, antwortete sie:

— Herr Reichsmarschall, sie sind ja durch diese Fahne fett geworden. Warum sollte es nicht auch mit den Bratkartoffeln geschehen?...

**GILT ALS PASSIERSCHEIN DURCH DIE FRONT
СЛУЖИТ ПРОПУСКОМ ЧЕРЕЗ ФРОНТ**

Aus dem Flugblatt »Witzwerfer«

Von der Pola und Lowat zur Oder und Rhein
Gibt es einen Weg, einen Weg allein,—
Einen Umweg, doch sicher und sorglos dafür,
Und das ist der Schlüssel zur rettenden Tür!

Plakat vom Anfang 1942

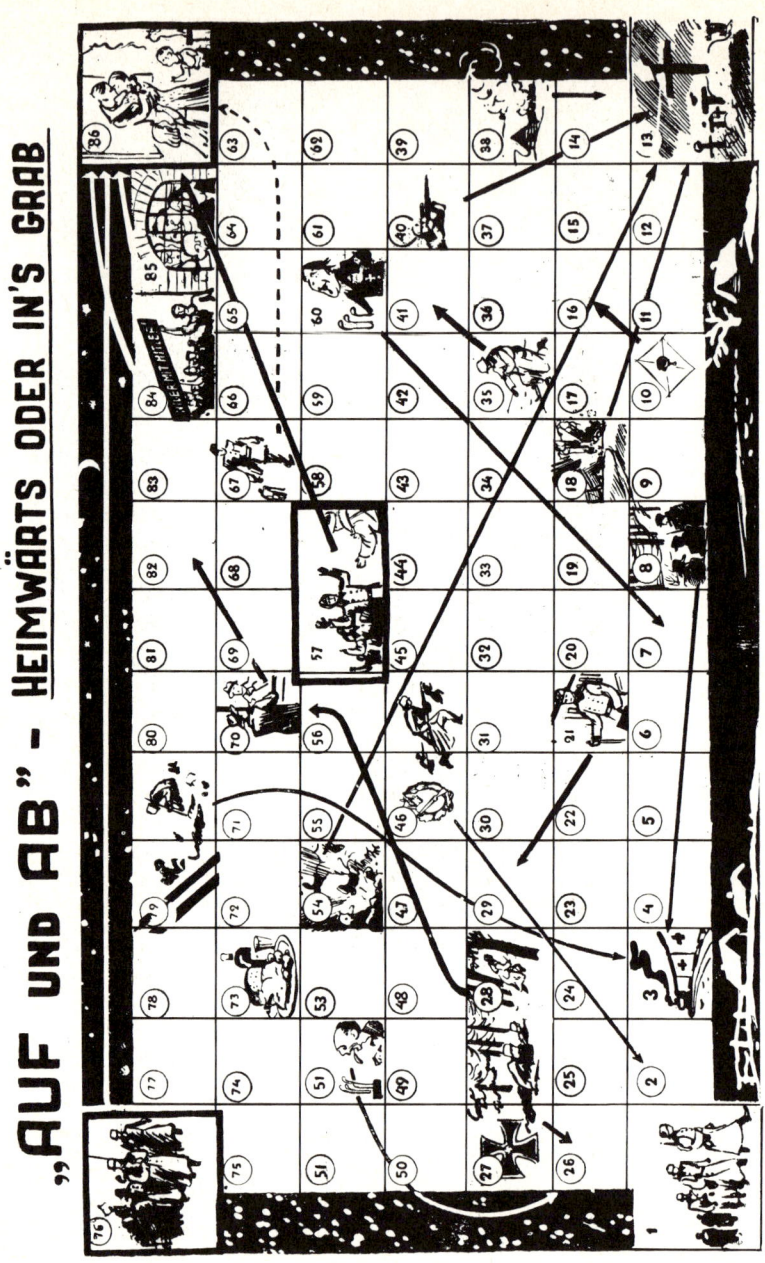

Mehrfarbig gedrucktes Würfelspiel auf Karton

Spielregeln

Am Spiel nimmt eine beliebige Anzahl von Kameraden teil (damit es nicht langweilig wird, sollen es aber nicht mehr als 5—6 Mann zugleich sein). Jeder Teilnehmer hat seinen Stein (Zündholz, Knopf, Patrone od. dgl.), den er auf dem Brett fortbewegt.

Der Reihe nach wird von jedem Teilnehmer der Würfel geworfen und sein Stein auf die betreffende Zahl von Punkten vor bzw. aufwärts geschoben.

das Hauptziel,
der eigentliche Gewinn ist—
daheim zu den Lieben zu gelangen

Es bestehen aber immer wieder **Schwierigkeiten**, die den Landser in diesem Streben hemmen oder zurückwerfen, sowie auch **Chancen rascher und sicherer vorwärtszukommen:**

a) Wer am Feld **8** angelangt ist **(Partisanen im Hinterhalt)**, kommt nicht mit heilen Knochen davon, er muss mit dem Lazarettzug aufs Feld 3 zurück.

b) Ein lieber **Heimatbrief** (Feld **10**) bringt den Landser wie in Träumen so auch im Spiel dem Hause näher (Feld **16**).

c) **13 war stets eine Unglückszahl.** Auch hier bedeutet sie das kalte Grab. (Wer ins Grab gerät, **fällt aus dem Spiele** und darf nur unter Umständen, wenn es besonders verabredet ist, nach einem Zug wieder vom Anfang an beginnen.

d) Im Feld **18** ereilt den Teilnehmer das schlimmste, was er von einer Auseinandersetzung mit **Partisanen** zu erwarten hat,—der Tod (Regel wie bei 13).

e) Der Glückspilz, der im Felde **21** landet, kriegt seinen **Urlaubsschein,** und das bringt ihn um 8 Punkte dem Hause näher (Feld **29**).

f) Die Felder **27—28** bedeuten eine rege Soldatentätigkeit. Spähtrupps werden unternommen. Auf 27 erhält man sein **EK,** aber das bringt einen nur ferner vom Hause weg ins Feld **26** zurück. Wer aber gescheit ist, kann bei einem Spähtrupp leicht **verschwinden** und seine Uniform wegschmeissen. Auf **Feld 70 verweilt dann der Glückliche einen Gang lang** (man setzt einmal mit den Würfeln aus), weil er sich nicht sofort in der Heimat zeigen darf. Dann aber kommt er seinen Lieben näher und zwar aufs Feld **82**.

Einige Spielregeln von »AUF und AB«

MAI 1942

(Von einem deutschen Soldaten)

Frühling! Frühling! Und es taut.
Fenster öffnen sich und Türen,
Und ein leiser Glockenlaut
Will ans Herz uns rühren.

    Und es glänzt der Abendstern,
    So, als wär er neu erschienen.
    In den Heimatbergen fern
    Donnern die Lawinen.

Taut vom Grab der letzte Schnee,
Müssen viele wir begraben,
Viele sind's—das Herz tut weh—
Die kein Grab noch haben.

    Frühling ist's, und Kreuze stehn,
    Und am Wegrand klirrt der Spaten,
    Und die vielen Kreuze sehn.
    Sehn auf uns, Soldaten.

Und ein jedes Kreuz fragt still,
Totenstill scheint es zu fragen:
„Dass nicht Friede werden will,
Wer kann die Schuld tragen?

    Ist es, ist es eure Pflicht,
    Einem solchen Krieg zu dienen?
    Schaut den Toten ins Gesicht
    Und steht still vor ihnen!"

Wer der Toten Antlitz schaut,
Blickt daheim des Volkes Schmerzen.
Frühling! Frühling! Und es taut
Auch in unserm Herzen.

    Frühling gibt dem Herzen Mut.
    Ja, wir haben uns entschieden,
    Heilig ist des Volkes Blut,
    Und—wir machen Frieden.

Frühling ist's, die Sonne scheint.
Wir sind erste Friedensboten.
Zuviel Tränen sind geweint.
's ist genug der Toten.

    Und es bleibt und bleibt dabei,
    Braucht euch nicht um uns zu bangen:
    Heute ist der erste Mai-
    Gehen uns gefangen!

Gut hat es der deutsche Soldat...

Hitler denkt für ihn...

Goebbels spricht für ihn...

Göring ißt für ihn...

Ley trinkt für ihn...

Himmler sorgt für „Ruhe und Ordnung" in seiner Heimat

Da bleibt dem Soldaten nichts mehr übrig selbst zu machen als nur den „Heldentod" zu sterben...

Flugblatt vom Frühjahr 1943

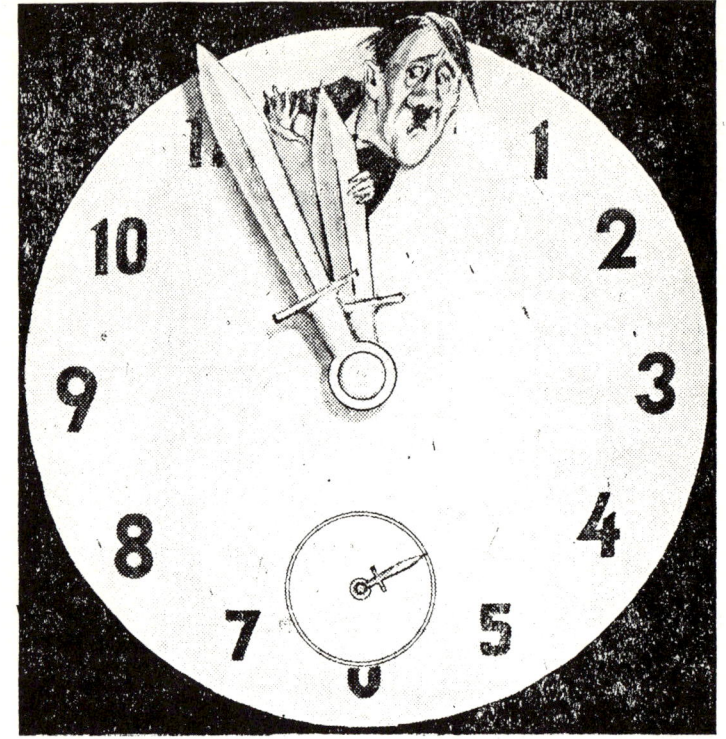

Doppelseitiges Flugblatt vom Frühjahr 1943

5 vor 12,—
Schrie er zuletzt
Damals in der Juninacht,
Als,—vom wilden Wahn gehetzt,—
Er den Russlandkrieg entfacht...

. . . .

5 vor 12,—
Nun ist's so weit,
Denn die Katastrophe naht!
Jetzt zu schrein wär's an der Zeit,
Doch der Adolf weiss kein' Rat.
5 vor 12!
Schlag folgt auf Schlag,
Schicksal ist nicht wegzulügen!
Er naht, er naht der letzte Tag,
Da hilft Herrn Hitler kein Betrügen!

Deutsche Soldaten südlich des Ilmensees!

Vor Stalingrad hat es bereits 12 geschlagen... 195.000 Tote, 144.150 Gefangene, 22 Divisionen im unzerbrüglichen Kessel 200 km tief im russischen Hinterland. Die Ergebnisse der grossen Niederlage im Nordkaukasus sind noch nicht amtlich bekanntgegeben worden. Aber bis zum 20.1. haben die deutschen Truppen über 350 km in wilder Flucht zurückgelegt, die Städte Mosdok, Naltschik, Prochladnyj, Stawropol, Armawir, Salsk u. a. m. sowie sämtliche Gebirgspässe geräumt.

Die siegreiche russische Offensive dauert an, die russischen Panzer stehen bereits vor den Toren Rostows!

Vor Stalingrad, im Donbogen und im Nordkaukasus hat es also 12 geschlagen.

Der Ilmensee liegt westlicher. Auch Ihr kommt noch dran, und zwar bald:

EURE UHR ZEIGT 5 VOR 12!
DIE EINZIGE WAHL, DIE IHR HABT:
GEFANGENSCHAFT ODER TOD!
ZÖGERT NICHT! DAS ZÖGERN BEDEUTET DEN TOD!

D—383

Des Landsers Rückzug-ABC

Alarm! Alarm! Der Rückzug startet,
Der kluge Landser bleibt und wartet.

    Bunker oder Schützenloch in ferner Stellungsecke
    Sind die allereinfachsten doch sichersten Verstecke.

Chiffriert kommt der Befehl, die Stellung zu verlassen,
Soldat hört ihn zuletzt—drum heisst's stets aufzupassen.

    Dörfer, insbesonders Scheunen, Saunas, Ställe
    Bieten manche sich're stille Zufluchtsstelle.

Etappenhengste verpacken ihr Gut,
Zeit wird gekauft mit Soldatenblut!

    Flugblatt mit Passierschein dran,
    Bester Schutzbrief-Talisman!

Granattrichter eignen sich immer gut
Für einen, der verduften tut.

    Hurra—dröhnt es, wenn Russen nah'n!
    Dann Hände hoch und marsch! voran!

Infanterieeinsatz verschafft
Stets Chancen für Gefangenschaft!

    Jäger fühlt sich im Walde wie zu Haus',
    Drum bleibt er beim ersten Waldmarsch aus.

Kuschelgelände ist gut zu nützen,
Den Überläufer wird's stets beschützen!

    Leuchtkugel—drauf gebe Acht,
    Wenn Du rübergehst bei Nacht.

Doppelseitiges Flugblatt vom Anfang 1943

Minen vermeidet man ruhig und leicht,
Wenn man auf Spähtruppspfaden schleicht.

    Nacht ist der beste Kamerad
    Für den entschlossenen Soldat'!

Offizier mit Geist und Seele
Handelt wie P a u l u s nebst Generälen. *)

    Partisanen nehmen Gefangene auch,
    Für Überläufer gilt Gastfreundschaftbrauch.

Quartiere in Gefangenschaft sind sauber und warm,
Da droht auch kein Volltreffer und kein Alarm.

    Regen, Nebel. Schneesturmtreiben
    Sind günstig, um zurückzubleiben.

Späh- sowie Stosstrupp bei jedem Wetter
Nützt der Soldat als seinen eigenen Retter.

    Türmen rettet keinen! Ringsum ist Tod auf der Lauer,
    Nur wer bleibt und sich ergibt—erspart den Lieben Trauer!

Überläufer werden besonders gut empfangen
Und kriegen höhere Rationen als die, die bloss gefangen.

    Verpflegung in Gefangenschaft ist reichlich und gesund
    Zweimal am Tage Heisses, und Brot zwei ganze Pfund.

Wiederseh'n—das schönste, wovon der Landser träumt,
Erst als Gefangener weiss er, dass er's nicht versäumt!

    X-beliebige Mittel gibt's sich zu ergeben—
    Sie alle erhalten dem Landser sein Leben.

Zögern ist gefährlich! —Drum eile, Zeit tut Not!
GEFANGEN—GERETTET ist das Gebot!

---

*) Generalfeldmarschall P a u l u s und 24 seiner Generäle, darunter Generaloberst Heitz, Generaloberst Strecker, Generalleutnant Seidlitz, Generalleutnant Sixt von Arnim u. a. gaben sich am 30.1. und am 2.2. vor Stalingrad mit 91.000 Soldaten und Offizieren gefangen.

Plakat vom Januar 1943

Anhang

Dokument:

Der »Kommissarbefehl« vom 6. Juni 1941

Geheime Kommandosache
Anlage zu OKW/WFSt/Abt. L IV/Qu
Nr. 44 822/41 g.K.Chefs

Chefsache!
Nur durch Offiziere!

Richtlinien für die Behandlung
politischer Kommissare.

Im Kampf gegen den Bolschewismus ist mit einem Verhalten des Feindes nach den Grundsätzen der Menschlichkeit oder des Völkerrechts *nicht* zu rechnen. Insbesondere ist von den *politischen Kommissaren aller Art* als den eigentlichen Trägern des Widerstandes eine haßerfüllte, grausame und unmenschliche Behandlung unserer Gefangenen zu erwarten. Die Truppe muß sich bewußt sein:
 1. In diesem Kampf ist Schonung und völkerrechtliche Rücksichtnahme diesen Elementen gegenüber falsch. Sie sind eine Gefahr für die eigene Sicherheit und die schnelle Befriedung der eroberten Gebiete.
 2. Die Urheber barbarisch asiatischer Kampfmethoden sind die politischen Kommissare. Gegen diese muß daher sofort und ohne weiteres mit aller Schärfe vorgegangen werden. Sie sind daher, wenn im Kampf oder im Widerstand ergriffen, grundsätzlich sofort mit der Waffe zu erledigen.
 Im übrigen gelten folgende Bestimmungen:

I. Operationsgebiet

 1. Politische Kommissare, die sich *gegen unsere Truppe* wenden, sind entsprechend dem »Erlaß über Ausübung der Gerichtsbarkeit im Gebiet Barbarossa« zu behandeln. Dies gilt für Kommissare jeder Art und Stellung, auch wenn sie nur des Widerstandes, der Sabotage oder der Anstiftung hierzu verdächtigt sind. Auf die »Richtlinien über das Verhalten der Truppe in Rußland« wird verwiesen.
 2. Politische Kommissare als *als Organe der feindlichen Truppe* sind kenntlich an besonderen Abzeichen – roter Stern mit goldenem eingewebtem Hammer und Sichel auf den Ärmeln – (Einzelheiten siehe »Die Kriegswehrmacht der UdSSR« OKH/Gen.St.d.H.O.Qu IV Abt. Fremde Heere Ost (II) Nr. 100/41 g. vom 15.1.1941

unter Anlage 9d). Sie sind aus den Kriegsgefangenen *sofort,* d.h. noch auf dem Gefechtsfelde, abzusondern. Dies ist notwendig, um ihnen jede Einflußmöglichkeit auf die gefangenen Soldaten zu nehmen. Diese Kommissare werden nicht als Soldaten anerkannt; der für Kriegsgefangene völkerrechtliche Schutz findet auf sie keine Anwendung. Sie sind nach durchgeführter Absonderung zu erledigen.

3. *Politische Kommmissare, die sich keiner feindlichen Handlung schuldig machen oder einer solchen verdächtig sind,* werden zunächst unbehelligt bleiben. Erst bei der weiteren Durchdringung des Landes wird es möglich sein, zu entscheiden, ob verbliebene Funktionäre an Ort und Stelle belassen werden können oder an die Sonderkommandos abzugeben sind. Es ist anzustreben, daß diese selbst die Überprüfung vornehmen.

Bei der Beurteilung der Frage, ob »schuldig oder nicht schuldig«, hat grundsätzlich der persönliche Eindruck von der Gesinnung und Haltung des Kommissars höher zu gelten, als der vielleicht nicht zu beweisende Tatbestand.

4. In den Fällen 1. und 2. ist eine kurze Meldung (Meldezettel) über den Vorfall zu richen:

a) von den einer Division unterstellten Truppen an die Division (Ic),

b) von den Truppen, die einem Korps-, Armeeober- oder Heeresgruppenkommando oder einer Panzergruppe unmittelbar unterstellt sind, an das Korps- usw. Kommando (Ic).

5. Alle oben genannten Maßnahmen dürfen die Durchführung der Operationen nicht aufhalten. Planmäßige Such und Säuberungsakionen durch die Kampftruppe haben daher zu unterbleiben.

II. Im rückwärtigen Heeresgebiet

Kommissare, die im rückwärtigen Heeresgebiet wegen zweifelhaften Verhaltens ergriffen werden, sind an die Einsatzgruppe bzw. Einsatzkommando der Sicherheitspolizei (SD) abzugeben.

III. Beschränkung der Kriegs- und Standgerichte

Die Kriegsgerichte und die Standgerichte der Regiments-usw. Kommandeure dürfen mit der Durchführung der Maßnahmen nach I und II nicht betraut werden.

aus: OKW/WFSt/L IV Chefsachen Barbarossa, BA-MA RW 4/v. 578

Literaturliste

Berthold, Eva:
Kriegsgefangene im Osten, Königsstein/Ts., 1981

Besymenski, Lew:
Sonderakte Barbarossa, Dokumentarbericht zur Vorgeschichte des Deutschen Überfalls auf die Sowjetunion –
aus sowjetischer Sicht, Stuttgart 1968

Bracher, Karl Dietrich:
Die Deutsche Diktatur. Entstehung, Struktur, Folgen des Nationalsozialismus, Köln 1969

Brandhuber, Jerzy:
Die sowjetischen Kriegsgefangenen im Konzentrationslager Auschwitz, Hefte von Auschwitz 4, 1961

Broszat, Martin:
Hitler und die Genesis der »Endlösung«. Aus Anlaß der Thesen von David Irving, Vierteljahreshefte für Zeitgeschichte 25, München 1977

Broszat, Martin:
Nationalsozialistische Konzentrationslager 1933–1945, in: Anatomie des SS-Staates, Band 2, München 1967

Buchheim, Hans:
Befehl und Gehorsam, in: Anatomie des SS-Staates Band 1, München 1957

Dallin, Alexander:
Deutsche Herrschaft in Rußland 1941–1945. Eine Studie über Besatzungspolitik, Düsseldorf 1958

Fall Barbarossa
Dokumente zur Vorbereitung der faschistischen Wehrmacht auf die Aggression gegen die Sowjetuion (1940/41), ausgewählt und eingeleitet von Erhard Moritz, Berlin (DDR) 1970

Fischer, Alexander
Sowjetische Deutschlandpolitik 1941–1945, Stuttgart 1975

Georg, Enno:
Die wirtschaftlichen Unternehmungen der SS (Schriftenreihe der Vierteljahreshefte für Zeitgeschichte 7), Stuttgart 1963

Hillgruber, Andreas:
Die »Endlösung« und das deutsche Ostimperium als Kernstück des rassenideologischen Programms des Nationalsozialismus, Vierteljahreshefte für Zeitgeschichte 20, Stuttgart 1972

Jacobsen, Hans Adolf:
Kommissarbefehl und Massenexekution sowjetischer Kriegsgefangener in: Anatomie des SS-Staates Band 2, München 1967

Jacobsen, Hans Adolf:
Der Zweite Weltkrieg. Grundzüge der Politik und Strategie in Dokumenten, Frankfurt 1965

Kogon, Eugen:
Der SS-Staat. Das System der deutschen Konzentrationslager, München 1946

Krausnick, Helmut:
Denkschrift Himmlers über die Behandlung der Fremdvölkischen im Osten (Mai 1940), Vierteljahreshefte für Zeitgeschichte 5, Stuttgart 1957

Krausnick, Helmut/Wilhelm, Hans Heinrich:
Die Truppe des Weltanschauungskrieges, Die Einsatzgruppen der Sicherheitspolizei und des SD 1938–1942, Stuttgart 1981

Kriegstagebuch des Oberkommandos der Wehrmacht (Wehrmachtsführungsstab) 1940–1945
hrsg. von Percy Ernst Schramm, Frankfurt 1961–1965

Nekritsch, Alexander/Grigorenko, Pjotr:
Genickschuß – Die Rote Armee am 22. Juni 1941, hrsg. von Georges Haupt, Wien-Frankfurt 1969

Nolte Ernst:
Der Faschismus in seiner Epoche. Die Action Française.
Der italienische Faschismus. Der Nationalsozialismus,
München 1963

*Der Prozeß gegen die Hauptkriegsverbrecher vor dem
Internationalen Militärgerichtshof*
Nürnberg, 14. Oktober 1945 bis 1. Oktober 1946, 42 Bände,
Nürnberg 1947–1949

Rückerl, Adalbert (Hrsg.):
NS-Prozesse. Nach 25 Jahren Strafverfolgungen: Möglichkeiten
– Grenzen – Ergebnisse, Karlsruhe 1971

Streit, Christian:
Keine Kameraden – Die Wehrmacht und die sowjetischen
Kriegsgefangenen 1941–1945, Stuttgart 1978

Werth, Alexander:
Rußland im Kriege 1941–1945, München 1967

Bildnachweis:

   Bildarchiv Preußischer Kulturbesitz, Berlin: Umschlagabbildung sowie Seiten 16, 23, 30, 33, 62, 68, 72, 75, 89, 103, 110; Raimund Böll: Seite 7; René Böll: Umschlag-Rückseite und Seite 60; Sammlung Lew Kopelew: Seiten 27, 55 sowie alle reproduzierten Dokumente ab Seite 117; Literaturnoje Nasledstwo, Moskau 1965: Seite 115; Jürgen Pieplow: Seiten 19, 65, 79, 84, 130; Stalling-Verlag, Oldenburg: Seiten 37, 42, 53, 85, 97, 106; Ullstein Bilderdienst, Berlin: Seite 14.
   Der größte Teil der Illustrationen im Dokumentarteil stammt vom sowjetischen Grafiker Iwan Charkewitsch, der während des 2. Weltkrieges in einer Propaganda-Kompanie diente.

Auschwitz – ein Ort, der wie kaum ein anderer zum Symbol für Massenmord und Menschenvernichtung geworden ist. Lebenszeichen aus Auschwitz – das meint die nach der Befreiung des Lagers gefundenen 836 525 Frauenkleider ebenso wie die zahllosen Zahnbürsten, Brillen und Koffer.

Lebenszeichen besonderer Eindringlichkeit aber sind die Bilder und Plastiken, die Häftlinge illegal im Lager geschaffen haben: Sein Leben zu riskieren, um zu malen, um schöpferisch tätig zu sein – um Mensch zu bleiben in einer Umgebung, in der der Mensch zum Untermenschen und zur Nummer degradiert war. Eine Vorstellung, die uns schwer fällt.

Von dieser Spannung erzählt das Buch. Es berichtet von den Anordnungen und der Buchführung der SS, es erzählt von den Bildern des Häftlings Brandhuber, den Zigeunerporträts der Dinah Gotliebova und dem Koffer der Berta Sara Rosenthal aus der Uhlandstraße 194 in Berlin Charlottenburg: »Die Geschichte eines Koffers, meine Geschichte und deine Geschichte.«

Christoph Heubner/Alwin Meyer/Jürgen Pieplow
Lebenszeichen – Gesehen in Auschwitz
194 Seiten mit 120 Abbildungen, Broschur,
Hochformat 14,8×21 cm/DM 16,80
ISBN 3-921-521-12-2

Lamuv Verlag · Martinstraße 7 · 5303 Bornheim-Merten · Tel. (0 22 27) 21 11

Wir leben in einem Land, das sich einst schwor: »Nie wieder Krieg!«, ein Land mit den dritthöchsten Militärausgaben, einer schnell wachsenden Zuwachsrate an Rüstungsexporten und der größten Atomwaffen-Dichte der Erde, ein Land, das – so Helmut Schmidt – nur um den Preis seiner völligen Zerstörung zu verteidigen ist. Die Bundesregierung befürwortet jedoch den Plan der USA, neue Mittelstreckenraketen hier zu stationieren, obwohl diese Waffen die Wahrscheinlichkeit eines Atomkrieges vergrößern.

Gegenüber diesem Wettrüsten besteht vielfach ein Ohnmachtsgefühl. Wer sich ohnmächtig fühlt, sieht die Möglichkeiten des Handelns nicht. Konkrete Aktionsbeispiele zum Thema »Frieden schaffen ohne Waffen« liefert die Aktion Sühnezeichen/Friedensdienste mit diesem Buch:

Aktion Sühnezeichen/
Friedensdienste (Hg.)

Frieden schaffen ohne Waffen

Lamuv Taschenbuch 7
DM 7,80
ISBN 3-921521-35-1

Lamuv Verlag · Martinstr. 7 · 5303 Bornheim-Merten · Tel. 02227/2111